小公司

股权合伙全案

臧其超◎著

中国经济出版社
CHINA ECONOMIC PUBLISHING HOUSE
·北 京·

图书在版编目（CIP）数据

小公司股权合伙全案／臧其超 著．
—北京：中国经济出版社，2020.1（2022.8 重印）
ISBN 978－7－5136－5505－7

Ⅰ.①小… Ⅱ.①臧… Ⅲ.①股份有限公司—企业管理—研究 Ⅳ.①F276.6

中国版本图书馆 CIP 数据核字（2018）第 287748 号

责任编辑　李　丰　高晓晔　孙晓霞
责任印制　马小宾
封面设计　任燕飞设计室

出版发行　中国经济出版社
印 刷 者　北京艾普海德印刷有限公司
经 销 者　各地新华书店
开　　本　710mm×1000mm　1/16
印　　张　18.5
字　　数　236 千字
版　　次　2020 年 1 月第 1 版
印　　次　2022 年 8 月第 10 次
定　　价　58.00 元
广告经营许可证　京西工商广字第 8179 号

中国经济出版社 **网址** www.economyph.com **社址** 北京市东城区安定门外大街 58 号 **邮编** 100011
本版图书如存在印装质量问题，请与本社销售中心联系调换（联系电话：010－57512564）

前言

PREFACE

当下，随着如火如荼的创业大潮及资本热度的不断升温，“股权合伙”已成为热词。只是在谈及“股权合伙”一词时，往往都指向大型公司，事实上，小公司运营更需要股权合伙制。

近10年来，选择自主创业的人越来越多。在小公司数量呈爆炸式增长的同时，创业失败的案例也与日俱增。导致许多小公司纷纷倒下的原因，除了商业决策失误和市场竞争激烈，更重要的还是因为创始人管理不善。

现实中，我们常常会看到许多小公司的创始人总是独享“生杀大权”，既不愿意与他人合作，也不愿意与别人分享。在他们眼中，员工永远是下属，理应为公司死心塌地地付出。也正是这种管理思维，导致公司人心涣散和人才凋零。因为没有统一的目标和强大的凝聚力，当公司陷入危机之时，员工自然不会与公司同甘共苦。

事实上，每一位创始人的初衷都是希望公司做大、做强。那么，究竟有没有一种方法，能够助力小公司成功躲过破产倒闭的劫难，实现创始人最初的创业梦想呢？答案显然是肯定的，就是股权合伙的组织模式。

一方面，股权合伙能有效地解决小公司里没有专业人才的窘境；另一方面，股权合伙也能巧妙地破解员工希望不只是为老板打工，也为自己打工的难题。从这个角度来说，股权合伙制不应该只适用于大型公司，更适用于缺钱缺人的小公司。可以说，十个好项目不如一个靠谱的合伙人。对于渴望做大做强的小公司而言，找到一个既能带来资金、技术和经验，又能带来智慧和人脉的股权合伙人，才是发展的第一要务。

如果你在公司经营中有以下困惑，请打开本书：

（1）找不到人才，留不住人才，一个人打拼太累；

（2）有合伙意识，却找不到优秀合伙人；

（3）找到合伙人后，不知道如何与对方和谐相处；

（4）合伙人之间矛盾不断，找不到解决方案；

（5）不会设计合伙人之间的股权架构；

（6）想富过三代，却找不到传承途径；

（7）找不到通往资本市场的道路，迷茫无助。

本书立足小公司的股权合伙制，围绕如何寻找优秀、靠谱的合伙人，如何设计股权合伙人制度，如何设计合伙人股权架构等，通过“理论看点 + 真实案例 + 实操方法”的图解形式，以三篇内容全面系统地为小公司老板、高管及创业者量身打造合伙制读本。一本书读懂小公司股权合伙路线图，助力小公司早日实现做大做强的创业梦想。

目 录

CONTENTS

战略篇　运筹帷幄，圈定靠谱合伙人

第1章 合伙时代：小公司为什么更需要合伙人

小公司做不大做不强，根源就是创始人缺乏合伙思维，不懂得运用股权合伙为公司的发展保驾护航。要抛弃传统的雇佣制，采用股权合伙制，首先应当对股权合伙的概念、作用与意义等有一个清晰的认知，然后根据公司特点来判断是否要采用股权合伙制的经营形式。

第2章 慧眼识人：创始人如何找到梦想合伙人

股权合伙制能否成功的关键因素在于你是否找对了合伙人。周鸿祎曾说："找合伙人比找老婆还难。"不过，小公司创始人如果按照本章所述的五步法，并注意人才判断标准，便会降低组建合伙人团队的难度，最终寻找到优秀的合伙人。

第3章 相处之道：如何与合伙人磨合成心有灵犀的搭档

俗话说，"相爱容易相处难"。合伙人亦是如此。合伙人之间从信任到理解再到相互欣赏，境界越来越高，发展越来越难。因此，掌握合伙人之间相处的技巧，对于小公司的健康成长尤为重要。

策略篇 决胜千里，拟定合伙人制度

第4章 合伙规则：如何防止“兄弟式合伙，仇人式散伙”

合伙人，合的不是钱，而是人品、格局和规则。在日常经营中，很多小公司就是因为在合伙之初没有定好规则或违背了合伙规则，最终导致合伙人分崩离析。为了避免不必要的麻烦，掌握股权合伙的运营规则刻不容缓。

第5章 矛盾机制：找到不靠谱的合伙人后如何补救

合伙创立公司就一定会遇到矛盾。有很多合伙公司最终都因矛盾无法调和，而走向散伙的结局。事实上，矛盾本身并不可怕，可怕的是不知道用什么方法来处理。因此，建立矛盾机制，掌握处理合伙人之间矛盾的技巧，对于小公司的正常运营尤为迫切。

第6章 管理机制：合伙人如何齐心协力把公司管理好

在传统的雇佣制企业，团队是“领导＋成员”，领导发号施令，员工就是一名普通的打工者；而在股权合伙制企业，团队则是“决策者＋合伙人”，既消除了员工的打工心态，又能通过人才配置、资源整合等方式共同把公司管好，使公司朝着做大做强的目标良性发展。所以，小公司须建立管理机制，运用股权合伙制的管理方式为公司的发展添砖加瓦。

谋略篇　稳操胜算，设计合伙人股权结构

第7章 股权设计：创始人与合伙人之间如何设计股权结构

小公司发展过程中出现的并购、重组、重整及合伙人退出等一系列问题，都离不开完善合理的股权结构设计。可以说，完美的股权结构设计应该是与公司发展一路相随的。因此，如何设计一套合理的股权结构方案，是公司创始人首先要解决的最大问题。

第8章 股权分配：如何避免合伙人股权分配的四大死局

股权分配，即所谓“切蛋糕”，复杂、微妙且考验技术。它不仅可能会对重要的合伙关系造成不可修复的损害，也可能将一次创业良机扼杀于萌芽中。要了解怎样“切蛋糕”，先得对“切蛋糕”的错误方式有所知晓，然后破局而出，建立一套动态的股权分配机制。

第9章 绝对控股：创始人如何提防被合伙人踢出局

创始人决定公司的命运，但这还需要一个前提，就是创始人始终拥有公司的控制权。人都是趋利避害的，再好的合伙人之间也会因为利益产生矛盾。如果你不想自己辛苦创业的硕果被他人摘取，就必须牢牢掌握绝对控股的方法和技巧，避免被合伙人联合踢出局。

第10章 股权激励：如何通过股权合伙搭建最佳“股权激励”方案

除了创始人和合伙人拥有大量股权，小公司还应该预留部分股权用于激励优秀员工，让员工以合伙人的身份参与公司决策、分享利润，并承担公司风险，从而使其勤勉尽责地为公司做出长期贡献。

战略篇
运筹帷幄，圈定靠谱合伙人

第1章

合伙时代：

小公司为什么更需要合伙人

小公司做不大做不强，根源就是创始人缺乏合伙思维，不懂得运用股权合伙为公司的发展保驾护航。要抛弃传统的雇佣制，采用股权合伙制，首先应当对股权合伙的概念、作用与意义等有一个清晰的认知，然后根据公司特点来判断是否要采用股权合伙制的经营形式。

1.1

合伙原因：小公司为何要合伙

【股权合伙看点】

随着资本时代的到来，以及近两年来资本、企业对股权的火热关注，“合伙人”这盘“冷饭”也被炒成了“热饭”。现在，不管是企业家、投资人、创业者，抑或是刚刚毕业的大学生都在谈“合伙”。

没错，合伙人时代已经到来。然而，让笔者感到疑惑的是，如今在说到合伙人的时候，往往都在谈大型企业。事实上，小公司更需要优秀的合伙人来添加动力。

2017 年 4 月 6 日，联合国大会将每年的 6 月 27 日设立为“中小微企业日”，以彰显中小微企业在实现可持续发展目标，特别是在促进创新、发挥创造力等方面的重要贡献。

虽然世界各国对小公司的界定不尽相同，但是毋庸置疑，小公司在经济发展过程中有着不可替代的作用。然而，不容忽视的现实是，小公司生存艰难。根据相关数据，我国小公司的平均生命周期只有 3 年，与欧洲、日本的 12 年，美国的 8 年有着相当明显的差距。

那么，我们不禁要思考这样一个问题：我国小公司的寿命为什么这么短？当今跨入世界 500 强的企业，有很多都是从小公司起步的。而为什么我们大多数小公司就是做不大做不强呢？

正所谓“逆水行舟，不进则退”，生意场上永远是强者生存，小公司之所以无法做大做强，是因为其有发展瓶颈，让小公司时刻面临生存危机。归纳起来，小公司主要有以下5大发展瓶颈，如图1－1所示。

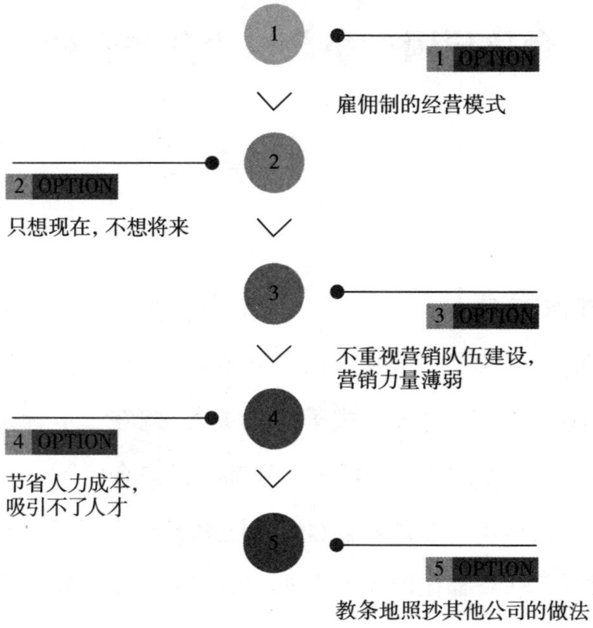

图1－1　小公司的五大发展瓶颈

（1）雇佣制的经营模式

所谓雇佣制，是指小公司的创始人雇人来为自己工作，被雇佣者以劳动换取报酬。雇佣制之所以能够被很多小公司采用，自然有其可取之处。随着时代的发展和各种公司机制的创新，雇佣制的缺陷逐渐暴露出来。在雇佣制的经营模式下，员工就是“打工者”，一切为老板服务，员工能力难以发挥。此外，公司在资产组合、资源配置、产业结构、股权分配等各方面也面临重重困难。

（2）只想现在，不想将来

小公司的战略方向基本是由创始人决定，而很多创始人在创立公司的时候，并没有认真思考过公司的未来，大多只是考虑眼前赚不赚钱。

（3）不重视营销队伍建设，营销力量薄弱

小公司的营销大多是凭借创始人的人缘以及积累得到的客户和订单，不重视营销队伍的建设。

（4）节省人力成本，吸引不了人才

小公司通常都对成本非常重视，为了节省人力成本，往往在薪酬、待遇、福利等方面比较苛刻，这样就导致无法吸引到人才。但如果没有好的人才，要想做大做强又从何谈起？

（5）教条地照抄其他公司的做法

很多小公司往往对形式比较重视，如在汇报或者宣传时，总是将 IBM、苹果、谷歌、索尼等大企业挂在嘴边，动辄就讲它们是如何做的、如何成功的，对它们的做法照抄照搬。

那么，小公司应该如何突破以上发展瓶颈呢？答案就是合伙模式。

“十个好项目，不如一个靠谱的合伙人”，对于小公司来说，找到一个靠谱的合伙人，既能融得对方的资金、技术、经验，又能融得对方的智慧和人脉，对公司的发展十分有利。

如今就连成功的企业家都开始了合伙。2015 年，三大巨头——王健林、李彦宏、马化腾，合伙砸 50 亿元做电商。他们缺钱吗？不缺；他们缺人吗？也不缺。为什么这三个大佬要合伙呢？因为他们需要通过资源整合，打造更大的平台，提供更好的服务，以获得更大的发展。在合伙上，他们为我国的创业者做出了良好的示范。

在这个连大佬们都无比重视合伙的时代，小公司就如同大象脚下的一只小蚂蚁，如果再不树立合伙意识，单枪匹马又能拼得过谁呢？

把公司做大做强并不是一场说走就走的旅行，而是一项复杂的系统工程，需要进行人才配置、资金整合、市场调研等多方面的综合考量。就目前竞争激烈的经济形势来说，合伙人模式是实现这一目标的有效途径。在合伙人模式中，创始人、员工因为共同的合伙人身份而形成了一个利益共同体。当员工从为老板打工变成了为自己打工时，他们便会在创始人的带领下，形成强大的凝聚力，用团队的力量去推动公司的发展。因此，合伙人模式不仅属于有钱的大公司，更属于没人、没钱的小公司。

正如真格基金创始人、著名天使投资人徐小平说过的那样："一家企业若只靠创始人单打独斗，未来一定是艰难无比的。"小公司只有首先摒弃单打独斗的风格，拥有"用合伙人模式赢天下"的概念，才能真正实现发展。换言之，合伙人模式是小公司做大做强的直线逻辑。

下面，我们一起来看一下小米公司以合伙赢天下的案例，从中感受合伙的魅力。

【股权合伙案例】

合伙案例：雷军尽心尽力找合伙人做大做强企业

从小米集团 CDR 招股书中可以得知，小米集团在 2015 年、2016 年、2017 年和 2018 年第一季度的营业收入分别为 668.11 亿元、684.34 亿元、1146.25 亿元和 344.12 亿元。如图 1－2 所示。

图 1－2 中的数据充分表明了小米公司良好的盈利状况和持续增强的盈利能力。如果你曾仔细研究过小米公司的发展之路，就会发现，小米公司今天的成绩来之不易。

2010 年 4 月，雷军正式创办了小米公司。因为缺乏硬件创业的经验，小米公司要想找到合适的硬件工程师非常困难。为了啃下这块硬骨头，雷军列了一份很长的意向合伙人目标名单。

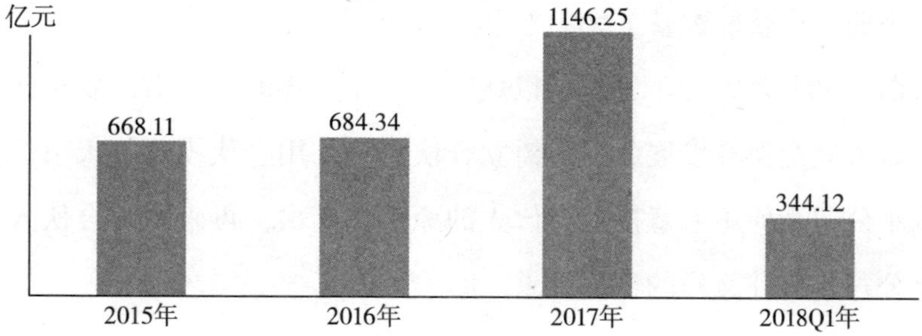

图 1-2　2015—2018 年小米集团营业收入情况

据雷军介绍，为了找到一名合适的硬件工程师，他前前后后给 90 多个人打过电话，最长的一次通话记录是 10 个小时。当时，雷军十分看好的一名硬件工程师始终不相信小米公司能够盈利。雷军在电话中问他："你觉得你钱多还是我钱多?" 对方说："当然是你多。" 雷军当即向他承诺："那就说明我比你会挣钱，不如我们俩分工，你就负责产品，我来负责挣钱。" 就这样，雷军成功为小米公司赢得了一位优秀的硬件工程师和一位优秀的合伙人。

雷军对合伙人的招募始终没有停止。据说，为了招募到合适的合伙人，雷军曾经守在公司楼下的咖啡厅，见到人进来便主动上前聊天。"功夫不负有心人"，在雷军的努力下，他最终为小米公司招募了 7 名具有技术背景、平均年龄 42 岁、正值精力旺盛时期且具有丰富经验的优秀的合伙人，他们分别来自金山、谷歌、微软、摩托罗拉等知名企业。

正是在这支具有强大凝聚力的合伙人团队的带领下，小米公司实现了稳健的发展，并逐步在电子产品市场赢得了一席之地。

【股权合伙实操】

这是一个合作共赢的时代，这是一个资源共享的时代，也是一个优势互补的时代。一个人能够与多少人合作就能成就多大的事业，一家企业能与多少企业合作就能成就多大的平台。

所谓“知其然，而不知其所以然”是一个人谋略的失败。要想让小公司的创始人完全摒弃发展瓶颈，树立合伙意识，用合伙模式打天下，首先要挖掘小公司为何不愿意接受合伙人的原因；其次，再来探究合伙人模式能给小公司带来什么样的积极效果。

◎小公司为何不愿接受合伙人?

小司的创始人为何不愿意接受合伙人或者找不到合伙人的原因主要表现在以下三个方面。

（1）缺乏合伙意识

许多小公司创始人并没有意识到合伙人的重要性，虽然他们都知道销售额达到百亿美元、市值百亿美元的小米公司是发展最快的公司；在美国上市、遍布国内外市场的阿里巴巴是电商业巨头。但他们意识不到无论是小米公司还是阿里巴巴，之所以能取得目前的成绩，靠的都是合伙。一个缺乏联合团队、总是孤军奋战的企业，即使再努力，也无法取得理想的成绩。

合伙意识是小企业创始人必须具备的一种重要素质。徐小平说：“你从出发的那一天起就没有同盟军，就没有伙伴，就没有跟你同生共死的，一起爬雪山、过草地的伙伴。这非常糟糕，也非常可怕。”在我国，绝大部分失败的小公司、做得非常艰难的小公司，都有一个共同点：缺乏合伙意识。在这些企业中，通常只有创始人一个老大，没有两位数以上的合伙人。

（2）缺乏胸怀

胸怀是决定小公司能否做大做强的关键因素。除了合伙意识，能够获得优秀的合伙人还需要小公司创始人有宽广的胸怀。许多小公司的创始人虽然拥有很强的合伙人意识，但因为心胸狭窄，容不下人，时刻担心合伙人拿钱跑路、拿了股权不干活、利益分配不均等，因此往往也得不到合伙人的青睐。因为一个不懂得与人分享的人，自然也不会有人愿意与他分担责任和风险。

一个缺乏胸怀的小公司创始人总会觉得自己很受伤、很吃亏，他们意识不到所谓的合伙人，就是需要一起干、一起分担的人。倘若你拿 70% 的股权，给别人 30%，甚至你拿 51% 的股权，给别人 49%，对于合伙人来讲，也不公平。那些非要把 100% 股权握在自己手里，又满世界找合伙人的创始人，其实就是缺乏胸怀的人，注定成不了大气候。

（3）缺乏个人魅力

要想将合伙人招揽于麾下，小公司创始人除了要有合伙意识、有胸怀、懂得分享，还要具备一定的个人魅力。相信许多小公司创始人都有这样的困惑：“为什么我的公司认可的合伙人就是不愿意与我合伙呢？”

事实上，问题就出在你缺乏个人魅力上，对方不信任你。一般来说，合伙人本身就是高职位、高收入者，在原来的公司甚至还有期权、股票等。合伙人一旦决定和你合伙，势必要放弃自己已经拥有的一切。而他们之所以心甘情愿地放弃，除了看重你公司未来的发展前景，更看重你的个人素质和魅力。倘若你不具备这样的素质和魅力，他们自然不愿意跟随你。

以上列举了小公司创始人不愿意接受合伙人的主要原因。事实上，这些都是经过努力可以得到改善的。关键是要矫正“单干”的意识，转变思维，敞开胸怀，接纳来自不同行业、不同领域的人才。

◎合伙人模式究竟能给小公司带来什么样的积极效果？

所谓“趋利避害”，要想让小公司完全摒弃发展瓶颈就也须让小公司的创始人明白“合伙”的好处。总结起来，合伙人模式能给小公司带来以下四大好处。

（1）扁平化

互联网时代逐渐打破了马克斯·韦伯所提出的科层式组织的理论，淡化了上下级之间的关系，强调信息的对称性。合伙人之间一般没有强隶属关系，彼此是通过利益机制及价值观捆绑在一起的，是真正意义上的扁平化。正如任正非所说："把指挥权交给离炮声最近的人。"

企业经营有三种境界：员工给老板干、员工给自己干、员工和老板一起干。合伙人制度就是后两种境界，这从根本上改变了人力资源利用的效率。由于角色的转变，上下级之间单向命令式管理逐渐消除，管理成本也就下降了。在这种情况下，员工更愿意付出，因为这样的付出和自己的收益直接相关。

（2）拥有感

没有人会用心擦拭一辆租来的车，合伙人制度最大的特点就是创造拥有感。对员工而言，打工只是过客，是没有安全感的。于是，在雇佣时代留不住优秀员工就成为了常态。拥有感表现为成就感、存在感和话语权，而成为企业的合伙人或股东本身就是对员工拥有感的肯定。

（3）留人心

企业不仅要把人留下，更要把"心"留下来，最终表现为把价值留下。薪酬福利只是把人留下来，而"身在曹营心在汉"的例子不胜枚举。因此，成为合伙人就是留人心的过程，是一个事业共创、利益共享和风险共担的过程。

（4）创平台

公司发展的最高境界就是平台化，而平台化的背后则是资源的整合。对于创业型、中小型企业而言，获取资金、人脉资源、渠道资源、先进思想甚至核心技术人才的难度较大。这些企业想要获取优质的资源，就必须让"资源"参与到企业组织经营中来，将双方利益"捆绑"在一起，共担责任与风险。

从某种意义上来说，股权是对资金的看重，而合伙人是对资源的看重。合伙人可以以资金、专业、市场资源、渠道资源、产品资源等任何一种形式加入，灵活分配比例。例如，海尔通过千千万万的合伙人，打造企业的平台化战略；万科通过事业合伙人的平台，进行项目跟投；宗毅的芬尼克兹公司通过“裂变式创业”，创设了内部合伙人的平台。

当然，合伙模式的优点肯定不止这些，还有更多的优点等待你去挖掘，而且根据不同公司的特点，合伙模式的优点会被不断放大。

1.2

合伙概念：什么是合伙

【股权合伙看点】

对于小公司来说，要想完成从雇佣制向合伙人模式的转变，首先就必须要弄清楚什么是合伙人模式。

“合伙人”的概念可以追溯到很久以前。在我国历史上，三国时期刘备、关羽、张飞三兄弟的桃园结义称得上是最著名的“合伙”之一。简单来说，合伙人模式就是“合在一起，成为一伙”，它是指由两个或两个以上的自然人通过订立合伙协议，共同出资经营、共负盈亏、共担风险的合作伙伴，即为获得股份或分红权，通过贡献价值来发展事业的人。

当我们在谈论合伙模式时，首先要对这种模式进行法律意义和管理意义上的区分。

（1）法律意义上的合伙制

许多律师事务所、法律咨询机构和会计事务所等企业，在现实生活中采取的都是合伙制。我们将这些企业的合伙人称为法律意义上的合伙人，也就是说，他们是在法律和协议基础的约束下，共同投资、共同经营、共同分享利润、共同承担风险的法人或者自然人。

这种合伙人机制的特点是普通合伙人对合伙企业债务承担无限连带责

任，有限合伙人需要承担有限责任。也就是说，当遇到企业的财产不能清偿企业债务时，普通合伙人需要以个人财产来偿还其他普通合伙人名下的企业负债，而有限合伙人只需赔付其缴纳的出资额。

（2）管理意义上的合伙制

管理意义上的合伙制是对法律意义上合伙制管理模式的一种借鉴，又被称为“公司体制下的合伙制”。需要注意的是，公司的合伙人制无法改变公司的法律性质。由于公司合伙人脱离了无限责任的约束，实行的是类似合伙人企业的机制和模式，能够将短期激励与长期激励进行有效的结合，因此有利于发挥人才的积极性。

公司合伙人机制是公司制和合伙制企业的最好组合形式，它具有许多优势，一方面，它汲取了合伙制企业的组织优点；另一方面，它完美地规避了责任风险。

说到这里，也许你对什么是合伙模式还是缺乏深刻的理解。下面，我们以新东方“三剑客”为案例，为大家详细讲解合伙人模式的特性。

【股权合伙案例】

合伙案例：新东方的“三剑客”

作为新东方的合伙人，俞敏洪、徐小平、王强被人们亲切地称为新东方“三剑客”。这三位合伙人身上都具有鲜明的特质：经历了 3 次高考才考上大学的俞敏洪被称为“移动英语词典”，尽管其英语发音有所欠缺，但他足够努力和上进；徐小平是著名的留学、签证、职业规划和人生发展咨询家，他最大的特点是充满激情；毕业于美国纽约州立大学计算机科学系的硕士王强，虽然充满理想主义但是足够冷静。正是这样三个性格迥异、优势互补的人聚合在一起，才成就了今天的新东方。

【股权合伙实操】

无论是新东方的“三剑客”，还是阿里巴巴的“十八罗汉”，或是腾讯的“五虎将”，以及百度的“七剑客”，无不向我们说明了一个道理：用对了合伙人模式并找对了彼此信任、拥有共同理想和目标的合伙人，创业之路便能更顺畅、更轻松。

下面，我们就来聊一聊合伙人模式的特征、分类以及意义。

◎合伙人模式的特征

通过分析上文的案例并结合合伙人概念，至少可以总结出合伙人模式的五大特征：

①伙制企业需要由两个及两个以上的投资人共同设立；

②合伙制企业应该以合伙协议为约束和基础；

③合伙人需要按照协议来共同投资、经营，共享收益和共同承担风险；

④合伙人要对企业的债务负相关的责任；

⑤合伙制企业不能取得法人资格。

◎合伙的分类

普通合伙制、有限合伙制和特殊普通合伙制是合伙最主要的三种形式。

（1）普通合伙制

在普通合伙制企业中，所有的合伙人均需提供一定比例的资金，并按照各自提供资金的比例享受相应的利润或承担相应的亏损。通俗而言，就是：别的合伙人犯错欠了 100 万元且赔不起时，你必须按出资比例赔偿。

（2）有限合伙制

有限合伙制允许某些合伙人的责任仅限于每人在合伙制企业的出资额。需要注意的是，在有限合伙制企业中，有限合伙人不能参与企业管理，并且必须至少有一个普通合伙人。

（3）特殊普通合伙制

特殊普通合伙制企业是除了普通合伙制和有限合伙制之外的另一种特殊的合伙制企业。特殊普通合伙制企业一般具有两大条件：一是当某一个或者多个合伙人因为故意或者重大过失引起企业的债务时，该合伙人应承担无限责任或无限连带责任，其他合伙人仅需承担有限责任；二是由非重大过失引起的企业债务，所有合伙人均承担无限连带责任。从这一点来说，特殊普通合伙制企业本质上采取的还是普通合伙制企业的模式。

有限合伙制和特殊普通合伙制通俗的解释就是：别的合伙人犯错欠了 100 万元且赔不起，如果他是故意或者重大过失而导致的损失，你不用赔 100 万元，你在这个合伙企业里面有多少资产就赔多少。

无论是哪一种合伙模式，概括起来，都有同样的三大特征，如图 1－3 所示。

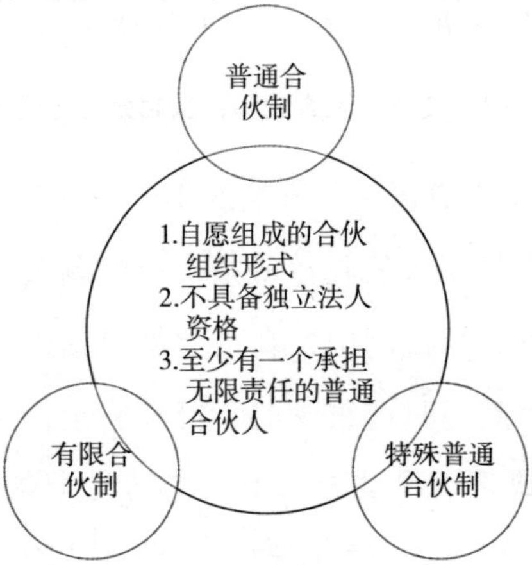

图 1－3　不同合伙制企业的共同特点

◎合伙制对小公司的意义所在

合伙制对小公司的意义主要有以下四点。

（1）符合时代的发展趋势

如今，我们正处于一个知识社会，平等、开放、自由、共享已成为未来社会的发展趋势。不同于雇佣制，合伙制终结了股东与经理人之间的博弈关系，赋予了他们同一种合伙人身份，让他们之间的关系更加平等化，也让他们之间拥有了共同的目标、利益和事业。很显然，合伙制更适合这个时代。

（2）吸引和留住人才

我们先通过图1－4中的分配方式，来具体看一下传统分配方式和合伙制分配方式的区别。

图1－4　传统分配方式和合伙制分配方式

从图1－4中我们可以看出，在传统的小公司分配机制中，企业扣除工资在内的各项成本后所获得的收益就是企业的剩余，即企业分配给每个股东的利润。在这种分配机制中，真正为公司创造价值的员工是没有分配权的，他们所能得到的只有很少的工资和奖金，这就导致了这些能为企业创造价值的人缺乏工作动力，不会主动为企业创造更大的价值。正因如此，许多经理人会选择频繁跳槽，甚至自己创业成为老东家的竞争对手。

合伙制很好地弥补了传统分配机制的这一缺陷，解决了创造剩余价值的人不具备分配剩余价值权利的矛盾。在合伙人制度中，企业的经营者成为了承担高风险享有高收益的劣后受益人，很好地解决了所有权和经营权分离的问题。当企业经营者拥有了分配价值的权力后，他们便更具有动力和干劲，为了自身的利益，他们也会更努力地去实现企业的最大价值。

（3）有利于管理人才和提升效率

“自燃型”“点燃型”和“阻燃型”是日本著名的企业家稻盛和夫对员工的不同分类。下面我们通过表 1 – 1，来了解不同类型员工的不同特点。

表 1 – 1　不同类型员工的不同特点

员工类型	特点
自燃型	具有很强的积极主动性，一旦发现新目标就会努力地去完成
点燃型	需要通过定期的沟通和谈话不断激发工作激情、增强工作积极性。倘若对他们置之不理，那么当激情消退后，他们就会“熄火”
阻燃型	工作缺乏积极性，通常表现为“三天打鱼，两天晒网”，很难担当重任，并且会影响其他员工的工作热情和工作积极性

员工觉得老板善变，一会儿要做这个，一会儿又要做那个；老板希望员工能投入更多的时间和精力为公司创造更大的价值，这是许多老板和员工之间存在的矛盾。在传统雇佣制公司中，员工多呈现出“点燃型”和“阻燃型”的特征，他们往往无法做到像“自燃型”的老板那样将公司的发展壮大视为己任，时刻思考着公司的经营发展问题。

而合伙人机制具有将“阻燃型”或“点燃型”员工进化成“自燃型”的能力，并且能够为“自燃型”员工提供更多的发展机会，创造更好的发展平台。在合伙制公司中，员工通常不需要外界的刺激和激励就会主动地投身于公司的事业中，他们视公司发展为己任，并会为了公司的发展壮大而不懈努力。

（4）有利于公司事业传承

许多小公司都难逃家族企业的命运，而传承问题是家族企业的最大痛点。据麦肯锡研究报告显示，全球家族企业的平均寿命为24年，其中只有30%的家族企业能传承到第二代，能够传承到第三代的不足15%，而家族企业在三代以后还能继续为股东创造价值的比例就更少了，仅仅只有5%。

在现实生活中，豪门恩怨、分家争产的戏码时常上演，不仅会令家族企业元气大伤，甚至还会导致企业创始人一手打拼创造的辉煌烟消云散。这也是家族接班制度最大的弊端。而合伙人接班制相对于家族成员接班制度和职业经理人接班制度均有着无法比拟的优势，更有利于公司事业的传承。

下面我们通过表1－2，来分析家族成员接班制、职业经理人接班制和合伙人接班制的利弊。

表1－2　不同接班制的利弊

接班制	利弊
家族成员接班制	企业家才能是稀缺资源，在一个家族中，一代成员和二代成员同时具有企业家才能的概率很小。据调查显示，我国大部分的家族企业二代成员都没有接班的意向
职业经理人接班制	因为缺乏企业家精神，职业经理人具有行为短期化、难以和股东形成共担风险和负责的特征，不利于企业的可持续发展
合伙人接班制	由于合伙人的利益与股东紧紧捆绑在了一起，并且合伙人对企业文化和企业价值具有高度的认同，由合伙人中的领军人物扮演企业家角色、接任最高职务，有利于企业的平稳传承

此外，合伙人还具有数量庞大的优势，在选择具体的接班人时，能够精心培养、优中选优。为了增强接班成功的概率，保障事业的持续发展，还可以将接班权交由整个合伙人团队，而非某个具体的个人。

1.3

合伙形式：为什么小公司最适合股权合伙

【股权合伙看点】

在现实生活中，许多小企业创始人总是容易将股权设计与合伙人制度设计混淆，一说到合伙人制度，他们头脑里马上就会联想到股权设计。

从形式上来看，股权设计主要表现为实股与虚股两种形式；而合伙人制度设计表现为股东合伙人、事业合伙人和生态链合伙人三种形式。事实上，作为企业人才激励的不同形式，股权设计与合伙人制度设计都是企业的治理结构与顶层设计，它们之间既有区别，又有联系。

我们先通过图 1－5 来看一下股权与合伙人的联系。

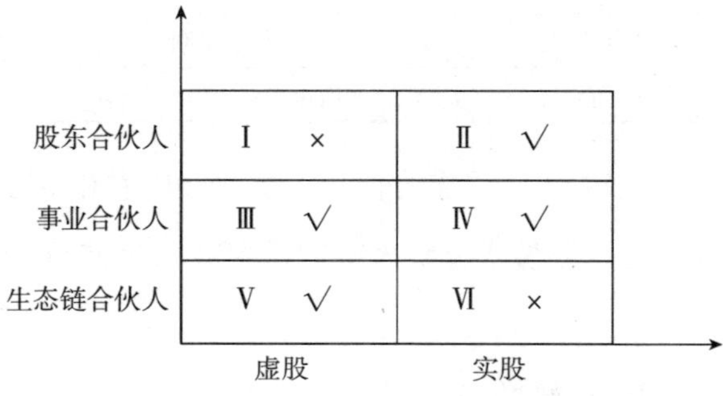

图 1－5　股权与合伙人的组合

区域Ⅰ：公司的注册股东即股东合伙人，它们合的是实股。

区域Ⅵ：因为法律风险太大，外部合伙人一般很少获得实股。

区域Ⅲ和Ⅳ：事业合伙人和合作方式有两种。一是通过干股等虚股合伙；二是通过实股合伙，即当公司有一个好项目时，让内部员工通过新注册公司或合伙企业的方式成为自己的老板，如宗毅的内部创业计划。

综合起来，可以得出以下结论：股东合伙人主要是实股合作；生态链合伙人主要是虚股合作；而事业合伙人既有实股合作又有虚股合作。

通过表1-3所示，我们再来看一下股权与合伙人的区别。

表1-3 股权与合伙人的区别

序号	内容		
	区别	股权	合伙人
1	价值取向	注重资本的价值	发掘人本的价值
2	分享基础	投资金额	价值贡献
3	适用范围	较小，内部合伙人为主	较大，内外部合伙人皆可
4	分配来源	存量，税后净利	增量，超额利润；或存量，税后利润
5	财务风险	公开真实利润报表	可以不涉及
6	操作便利	资产评估、占股比例、股权协议	可以不涉及
7	退出机制	严格，受公司法限制	灵活，设定好条件
8	税务风险	企业所得税，个税	个税

从表1-3中可以看出，股东合伙人、事业合伙人和生态链合伙人都属于股权合伙，都是通过股份或分红来共同出资经营、共负盈亏、共担风险的合作伙伴。

小公司创始人在选择合伙人时之所以会偏重资金合作，是因为刚刚起步，原始积累不多。但是当创办大项目时，小公司创始人对合伙人的选择就更看中他们是否掌握其他资源和行业经验。此时，小公司创始人的最优选择便是股权合伙。

前面说过，股权合伙有三种形式，下面我们通过案例来具体了解一下这三种形式。

【股权合伙案例】

合伙案例：B 公司的合伙人类型有哪些？

北京的 A 公司是一家互联网公司，成立于 2012 年 3 月，甲、乙、丙是 A 公司的 3 位股东。随着企业规模的不断扩大，公司决定开拓新的业务，进军空气净化器领域。于是，A 公司进行了以下操作。

（1）项目合伙

举办内部创业大赛，鼓励有野心、有能力的员工积极参与，A 公司的高管通过用钱投票的方式，让获胜的员工成为新公司的股东及合伙人，总经理也在合伙团队中选出。

（2）注册公司

3 年后斥资 1000 万元成立控股子公司 B。其中，A 公司（由股东甲和乙出资）投入 600 万元，占股 51%；包括 A 公司股东丙在内的事业合伙人团队 E 投入 400 万元，占股 49%。

（3）增资扩股

当 B 公司的注册资金增加到 4000 万元后，新增的 3000 万元主要来源于两方面：一是 2 家上游供应商公司投入的 500 万元；二是 8 个代理商投入的 2500 万元，且这部分投入划归为有限合伙企业 F。

经过调整后，B 公司的股权结构发生了如下改变：股东甲、乙共持股 35%；合伙人团队持股 41%，合伙企业 F（持股平台）持股 24%。

3 年后，B 公司的销售业绩如图 1 -6 所示。

可以说，B 公司是一个把员工变成内部合伙人、把供应商和客户变成

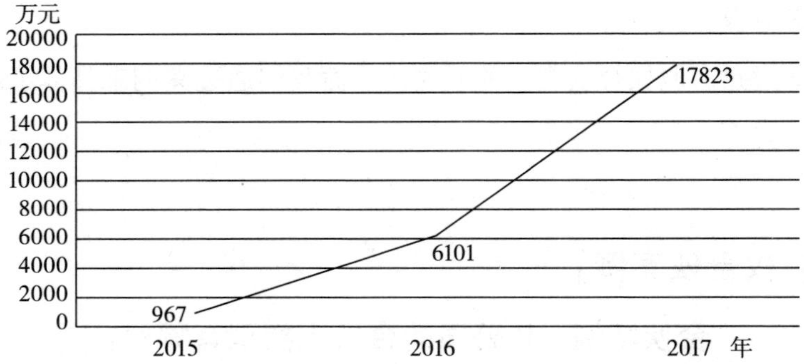

图 1 －6　B 公司 2015—2017 年的销售业绩

外部合伙人的经典案例。从图 1 －6 中可以测算出，2016 年 B 公司的销售额比 2015 年增长了 500%，2017 年 B 公司的销售额比 2016 年增长了 200%。公司之所以能实现合作，并产生巨大效益，大股东甲和乙的度量与让利起到了重要作用。这两个创始股东在引进外部合伙人时，稀释了 16% 的股权，而事业合伙人团队的股权仅稀释了 8%。

【股权合伙实操】

在上述案例中，甲、乙、丙是 B 公司的三个股东合伙人，他们是法律意义上的股东。事业合伙人团队 E 是合伙人，也是法律意义上的股东；合伙企业 F（持股平台）是生态链合伙人。

下面将为大家详细讲解股东合伙人、事业合伙人和生态链合伙人这三种企业的股权合伙人形式。

◎股东合伙人（工商登记）

股东合伙人即前文所提到的实股股东或注册股东，是在工商局登记注册的股东。股东合伙人是企业的最终所有者，也是合伙人最紧密的合伙形式和最高阶段，股东合伙人通过股权联结在一起。

电视剧《人民的名义》曾风靡全国。在这部电视剧中，大风厂用员工持股40%的公司股权做抵押向山水集团借款6000万元。后来，大风厂因为无力偿还借款，股权被山水集团受让。

当大风厂的股权市值增长至10亿元人民币时，根据合同约定，山水集团不用对大风厂员工做任何补偿。于是，大风厂的员工誓守股权不愿放弃。在这种情况下，山水集团组织强拆，大风厂员工全力护场，在双方的僵持中，最终引发了严重的火灾。

在这个故事中，大风厂员工舍命也不放弃的股权便是我们通常所说的原始股。大风厂员工之所以这样做，是因为随着大风厂股权市值的增加，大风厂一旦上市，他们手里的股权就可以置换几十倍的财富。

事实上，股权的分类主要有创业式和渐进式两种，如图1－7所示。

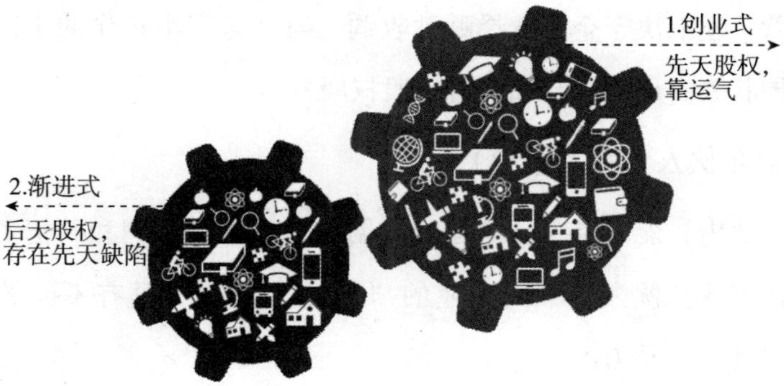

图1－7　股权的分类

（1）创业式股权

顾名思义，初创企业就是一个从无到有、从0到1的过程。股东合伙人即是那些在企业初创过程中投入了有形资产或无形资产的创始股东。在企业的初创阶段，因为公司前景并不明确，吸引优秀人才加盟的可能性不大，因此大多数初创企业的股东合伙人都以亲戚为主，这也正是我国企业通常呈现出家族式企业形式的原因。

在企业的初创阶段，股东合伙人拥有的是先天股权，当企业逐步发展壮大，并 IPO 上市后，股东合伙人拥有的股权就成为了资本市场的货币，因此能够名利双收。当然，并不是所有企业都能发展壮大，假如企业发展不顺，那么股东合伙人手中的股权也会变得一文不值。也就是说，创业式的股权多少带有运气的成分。

（2）渐进式股权

在公司挺过生存压力，实现了从 0 到 1 后，公司便进入到了从 1 到 N 的渐进式过程，这个过程的最大特质便是“复制”。此时，企业只有很好地解决股权架构设计的问题，才能避免出现“把自己的孩子养大，叫别人爹”的悲剧。也就是说，渐进式股权存在先天的缺陷。

需要注意的是，渐进式阶段的企业能否成功度过生存期，除了取决于自身的经营，还取决于企业选择哪种收购、兼并等资本运作的手段来实现企业的发展壮大，即企业会如何进行股权融资。

◎事业合伙人（项目跟投）

在本企业内，能掌握自己命运、共创事业、共享利润和共担责任的那些人就叫作事业合伙人。不同企业的“事业合伙人”具有不同的组织结构、授权程度和激励力度。

事业合伙人可以分为以下两类：

①由企业拿出一项业务、产品、项目、区域（单店）等可独立核算的经营体，和参与该经营体运营的员工共同投资、共享利润、共担投资风险。万科的项目跟投、连锁企业的单店员工入股等都属于这种形式。

②全体合伙人共同出资认购公司整体的虚拟股份，并根据企业整体盈利状况进行分红、承担风险，在这个过程中，企业虚拟股份对应整体经营盈利情况，对不同业务、项目、区域不加以区分。华为的内部员工持股计划便属于这种形式。

下面，我们重点来了解一下华为的合伙人操作模式。

早在 1990 年，华为便喊出了“员工持股”的口号，致力于让员工成为事业合伙人。但是，华为是以工会委员会为合伙人持股平台的，其合伙人收益主要是固定的股票分红，这与其他企业的事业合伙人制度有很大的区别。具体来说，华为的事业合伙人计划的发展历程如图 1－8 所示。

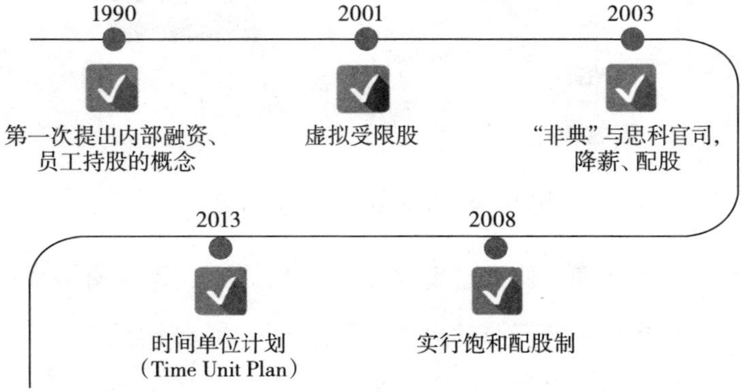

图 1－8　华为的事业合伙人计划发展历程

通过图 1－8，我们对华为的事业合伙人计划的发展历程有了一定的了解。截至 2018 年 7 月，华为在全球已拥有约 17 万名员工，其中，持股成为事业合伙人的员工约有 8 万人，华为工会委员会作为持股平台对这些事业合伙人进行统一管理。此外，华为还在工会持股平台上选出了 51 个员工代表，并在此基础上推选出了 17 名华为投资控股有限公司（注：华为技术公司的控股母公司）的董事会成员。

我们通过图 1－9 来具体了解一下。

事实上，华为的这种股权架构与合伙企业（基金）具有相似之处。在华为的股权架构中，任正非是公司的实际控制人，即 GP；工会委员会是持股及事业合伙人的平台，即 LP。这也是为什么任正非虽然只持股 1.01% 却能够控制公司的原因。

◎生态链合伙人（供应商、客户、投资人等）

在前文中我们已经强调，企业的内部合伙人主要是股东合伙人与事业

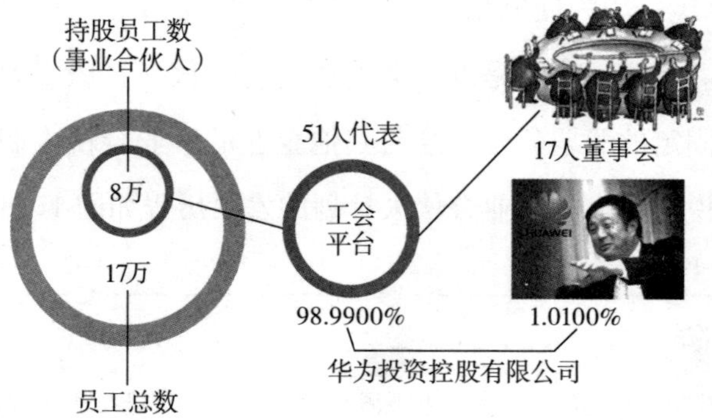

图1-9 华为事业合伙人情况

合伙人，而企业的外部合伙人主要是企业的供应商、经销商、客户、投资人、离职员工及拥有一定资源的提供者等企业的生态链合伙人。

下面，我们首先来了解企业生态链合伙人的特点及在实务中应注意的相关事项。

（1）生态链合伙人的操作便利性

采用股权来进行产业上下游的收购与整合时，由于许多经销商不愿意被别人整合，其自身发展规模又达不到整合别人的标准，这些经销商便会掀起联盟抱团模式，导致组织始终处于松散状态。企业引入合伙人制度后，便能提前做好前期评估并制定好游戏规则，那么经销商的这种联盟将有利于中小渠道商的资源整合。

著名的泸州老窖外部合伙人制度就是将上游的品牌资源、下游的渠道商资源、供应链资源以及营销团队整合成了一个有机整体，通过成立与每个个体都相关的合伙人平台公司，打通整个产业链资源，铸就生态型的共享平台企业，将上下游以及营销团队捆绑在一起，让他们有了共同的价值目标，从而改变了原有的上游经销商压货、压利润，下游渠道商不断争取政策支持的博弈局面。此外，泸州老窖的这种外部合伙人制度通过对上下游资源的整合，还有效解决了上下游距离远、机制对市场反应慢、库存周期长而抛货乱价等酒业顽疾。

（2）生态链合伙人注意事项

在实际操作过程中，当供应商成为股东合伙人后，按照《中华人民共和国公司法》的规定，便具有查看企业财务报表的权利，由此一来，企业的产品定价和策略、利润的空间、采购的底线等都会被供应商掌握。因此，生态链合伙人最好以合伙企业的形式存在，并且尽量避免采用直接给注册股份的方式，以此来减少潜在的风险。

此外，外部合伙人制度的落地还需要注意以下几个问题：

①作为外部合伙人的经销商和非外部合伙人的经销商之间在责、权、利三方面都存在区别，为了不影响经销商的积极性，必须平衡好二者的利益。

②要注意外部合伙人对公司产品市场价格体系形成的干扰。因为外部合伙人的进货成本通常较低，出于对短期利益的考虑，他们可能不会进行市场推广，而是直接低价销货。

③外部合伙人模式能大大调动经销商和销售人员的积极性，但也需警惕它所造成的经销商盲目扩张的冲动。

1.4

合伙误区：不是任何情况下都适合搞股权合伙

【股权合伙看点】

小公司发展到一定规模后想要继续扩张公司规模，把公司做大做强，就必然要面对是否运用股权合伙人的问题。在诸多公司通过股权合伙人制度取得成功，媒体着重宣传推广股权合伙人成功事例的信息轰炸之下，许多小公司创始人将股权合伙奉为圭臬，遇到困境便盲目谋求股权合伙，好像股权合伙是万能的，可以“包治百病”，如图 1－10 所示。

事实上，这是对股权合伙的一种误解，股权合伙并不是解决公司所面临的一切问题的灵丹妙药。从本质上来说，它只是一种工具，犹如农民手中的锄头、瓦特改良的蒸汽机和传统企业使用的互联网一样。

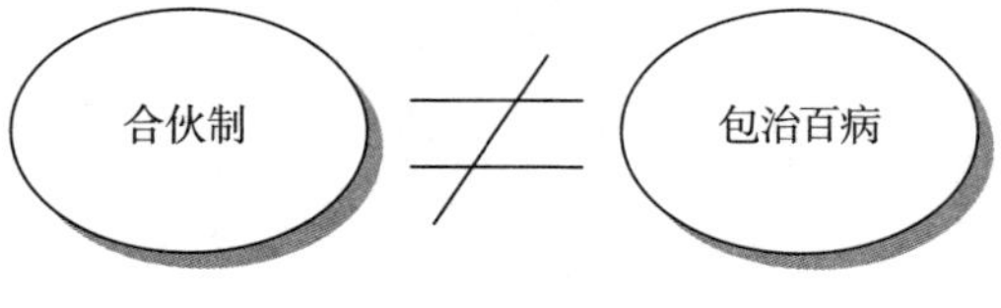

图 1－10　合伙制不等于包治百病

小公司要进行股权合伙，首先要认清公司自身的情况。公司采用股权合伙人制度的终极目标是提升业绩，达成经营战略目标。一些小公司原本不温不火，在采取股权合伙模式之后马上就能出现转机。但如果一家公司本身业绩不佳、经营不善，股权合伙人模式就很难落实，即便找到股权合伙人也容易陷入新的困境。

因此，股权合伙人模式需要与企业文化、经营战略、公司治理、薪酬体系、绩效考核相结合才能真正发挥作用。小公司对于自己是否采取股权合伙模式，不应盲目跟风，而应当根据企业的实际情况科学规划、慎重考虑。

【股权合伙案例】

合伙案例：永辉超市对股权合伙模式的清醒认识

2012 年，永辉超市对一线员工实行了股权合伙人制度，希望通过这种方式提高员工的工作积极性与业绩，同时降低损耗，减少离职率。而在永辉超市通过股权合伙人制度运营 3 年之后，永辉员工人均工资增幅 14%，从 2309 元增加到 2623 元；日均人效增幅 19%，从 1610 元提高到了 1918 元；离职率也从 6.83% 降低到了 4.37%，如图 1－11 所示。

	2012年	2014年
人均工资（元）	2309	2623
日均人效（元）	1610	1918
人均工资涨幅		14%
日均人效涨幅		19%
离职率	6.83%	4.37%

图 1－11　永辉超市股权改制前后的对比

通过图 1－11 中的数据，可以看出永辉超市在这一阶段成功利用股权合伙人制度达成了期望。但股权合伙人模式真的是灵丹妙药，只要运用到企业发展过程中就可以“药到病除”吗？

事实并非如此。因为超市行业本身的局限性，在一些超市门店运营进入成熟期、业绩稳定之后，业绩增长空间就是有限的了，难以再创增量。而越来越多的超市门店运营进入稳定期之后，股权合伙人模式又该何去何从？股权合伙人模式的可持续性还有待时间的考验。

面对这个问题，永辉超市创始人的头脑非常清醒。他们并没有被股权合伙人模式刺激下产生的一时利益增长蒙蔽视线，而是看清了超市业绩增长的本质，积极打造供应链。永辉超市先后与牛奶国际和京东进行合作，同时入股中百集团与联华超市，积极进行多方合作、联合采购。通过这样的方式，永辉超市极大幅度地降低了超市的采购成本，也因此打下了业绩提升的基础。

由此可见，股权合伙人模式应当放在超市业态总体的大变革上，只有通过外部突破，才能创造更大的价值增量。

【股权合伙实操】

永辉超市的案例告诉我们，股权合伙人制度是企业激励的顶层设计，是激励的工具和手段，而企业的终极目标是业绩的提升和经营战略目标的达成。当一家企业业绩不佳，走下坡路时，看似合理的股权合伙人制度也就很难落地，所谓“巧妇难为无米之炊”。

因此，合伙人制度不是万能的。它是一项系统化工程，需要与企业文化、经营战略、公司治理、薪酬体系、绩效考核相结合，才能真正落地。企业引入和实施合伙人制度还需要根据企业的实际情况慎重考虑、科学规划。

按照这样的逻辑，我们知道永辉超市供应链的打造是其经营战略的一个重要环节。因此，任何制度都要服从于经营战略这个大局，合伙人制度也不例外。

公司的经营战略与合伙人制度的关系可以看成道与术的关系，道是眼光、大局观、战略；术是手脚、实务论、战术。道统领术，术服务并服从于道；在得道、循道的前提下讲究术，道需要也离不开术的具体操作和落实。

那么，到底哪些公司适合股权合伙，哪些公司又不适合呢？

◎适合股权合伙的公司

（1）知识型公司

知识型公司成功与否在很大程度上取决于核心员工的责任心、投入度、创造性和协作性。公司通过股权合伙人模式让核心员工通过有限合伙，对公司进行间接持股，还可以有效联系起知识持有者和资本持有者，这种联系可以有效地协调资本与知识的关系，也可以让知识持有者与资本持有者突破传统的雇佣与被雇佣的关系。

爱尔眼科就是最典型的知识型公司。爱尔眼科的核心员工是公司的中流砥柱，他们集中掌握着公司的知识技能，是公司的知识持有者。而爱尔眼科的股权合伙人也正是这些核心人才，他们通过按照出资比例分配企业利润的模式进行股权合伙。在达到一定的盈利水平之后，公司会以认定的价格收购合伙人手中持有的股份。

同时，爱尔眼科合伙人如果想要退出股权合伙，也可以自由转让手中的股权给他人，而不需要经过全体合伙人的一致同意。这种灵活自由的股权合伙方式引起了爱尔眼科核心员工的兴趣，也促成了爱尔眼科的合伙机制取得成功。

（2）处于初创期或者战略转型期的公司

初创期的公司与战略转型期的公司因为面临着自主创新、主动协同等方面的棘手问题，迫切需要一种适宜的激励机制来匹配企业发展和转型的管理行为变化，而股权合伙模式正是这样的一种激励机制。

例如，一个人创立了一家快递公司，创立公司的过程往往简单轻松，但等到公司正式开展业务的时候，仓库管理出现问题、员工工作不够努力、客户投诉过多……各种问题便会纷至沓来。如果这个时候让出一定的股份给各部门的负责人，让他们成为股权合伙人，使他们可以从公司的发展中获得更多的分红和利润，这些人就会在工作中充分发挥自己的积极性，协助创始人做好公司的管理工作，为公司的发展做出更大的贡献，公司也就能很快地进入正轨，良性发展。

（3）控股权稳定的公司

只有控股权稳定的公司才适合搞股权合伙。这是因为股权合伙的有效性源于原有股东与合伙人利益一致，如果原有股权结构本身过于分散，那么合伙人自然很难达成一致，而公司的行动力和执行力也会因此产生缺陷。而这种股权结构过于分散的公司即便引入新的合伙人也不能解决问题，甚至还可能因为股权的进一步割裂而产生新的纠纷。

那么像万科集团这样股权结构高度分散的公司为什么能将股权合伙制运用于公司的运营中呢？这是因为万科集团虽然股权结构高度分散，但万科集团经营层面的股权人能很好地控制集团，万科集团的控股权也是稳定的，所以合伙制适用于万科集团。

而万科集团公司经营层的控制力也来源于合伙制，因为万科集团的股权合伙人就是公司的经营层。万科集团成立了深圳盈安财务顾问有限合伙制企业，其中普通合伙人是深圳盈安财务顾问有限公司，有限合伙人是上海万丰资产管理公司与华能信托有限公司，而这三家公司的实际控制人都是万科内部高层管理人员。盈安合伙在二级市场不断买进万科的股票，成为万科第的二大股东。而合伙资金就来源于万科员工的经济利润和奖金，同时这些公司也会引入外部杠杆基金，进而放大资金效应。

（4）轻资产型公司

轻资产型是通过建立良好的管理平台，集中于设计开发和市场推广而促进公司的生存和发展的资本战略模式，这样的资本战略模式十分适合运用股权合伙发展企业。处于这种模式的轻资产型公司往往少有自然资源、厂房等硬件上的有形资产，因而相比起重资产型公司，这些轻资产型公司的合伙人入股价格相对较低，但每股获得的增值利润却不会低于重资产型企业。

◎不适合股权合伙的企业

（1）国企不适用股权合伙

股权合伙的本质是拿出一部分公司净利润或者超额利润分红给员工，而国企的利润与超额利润都是国有资源，不经国资委认可而将国有资源分配给员工会涉嫌导致国有资源流失。国企这一体制天然阻止了国企运用股权合伙制度，国企本身也没有合伙人这个概念。

尽管我国也有上市国企采用了股权合伙制度，但上市国企本身就凤毛麟角。对于绝大多数国企而言，主流还是雇佣制，而不是合伙人制。

（2）天花板公司与无增量公司不适用股权合伙

根据公司发展的四阶段理论，天花板公司往往处于前途暗淡的衰退期，如果公司此时实施股权合伙，员工往往不会埋单，毕竟这个时期推出股权合伙就是为了转嫁经营风险，而不是共同盈利。

总而言之，作为小公司的创始人，应当对股权合伙的作用、意义与形式等有一个清晰的认知，在充分了解了股权合伙的概念之后再根据公司特点判断是否采用股权合伙的形式来经营公司。只有在不违背合伙人制度共谋发展、共享利益的初衷，也不违背尊重人、认可人、发展人的基本管理常识与法则的前提下，才能有效地规避股权合伙的缺陷，发挥股权合伙制度的优势。

第2章

慧眼识人：创始人如何找到梦想合伙人

股权合伙制能否成功的关键因素在于你是否找对了合伙人。周鸿祎曾说："找合伙人比找老婆还难。"不过，小公司创始人如果按照本章所述的五步法，并注意人才判断标准，便会降低组建合伙人团队的难度，最终寻找到优秀的合伙人。

2.1

去哪里找

【股权合伙看点】

通过第一章节，我们知道了股权合伙对于小公司的重要性及合伙的概念，那么接下来，小公司创始人肯定会迫不及待地想找一个股权合伙人，合伙打天下，共同把公司做大做强。这时，创始人面对茫茫人海，最大的困惑就是：去哪里找股权合伙人？到底该如何找股权合伙人？

关于这一点，我们可以先从阿里巴巴合伙人的构成中找到答案。

众所周知，阿里巴巴的成功离不开 18 位合伙人，也就是著名的“十八罗汉”。下面，我们可以通过表 2－1，来具体了解“十八罗汉”与马云的关系。

表 2－1　阿里巴巴的“十八罗汉”

姓名	与马云的关系	职务
马云		阿里巴巴董事局主席
孙彤宇	朋友	淘宝网总裁
金建航	合作伙伴	阿里巴巴资深副总裁
蔡崇信	朋友	阿里巴巴首席财务官
彭蕾	朋友妻子	阿里巴巴首席人力官
张瑛	妻子	阿里巴巴顾问

续表

姓名	与马云的关系	职务
吴泳铭	同事	阿里妈妈总经理
盛一飞	合作伙伴	支付宝产品部总监
楼文胜	校友	阿里巴巴 B2B 中国市场运营部产品规划师
麻长炜	同事	淘宝网用户体验设计总监
韩敏	同事	支付宝市场运营部总监
谢世煌	同事	阿里巴巴执行董事、B2B 网站产品发展资深总监
戴珊	同事	阿里巴巴执行董事、副总裁
金媛影	师生	阿里巴巴资深经理
蒋芳	同事	阿里巴巴总经理助理
周悦虹	师生	阿里巴巴技术部
师昱峰	合伙人吴泳铭的网友	阿里巴巴资深总监师
饶彤彤	同事	阿里巴巴国际事业部

从阿里巴巴股权合伙人的背景资料分析中可以看到，除 5 名合伙人不能确定加入阿里巴巴的背景及和马云的关系外，其他合伙人分别与马云是夫妻、同事、朋友、校友、师生、合伙伙伴等亲密的关系，具体数据如图 2 -1 所示。

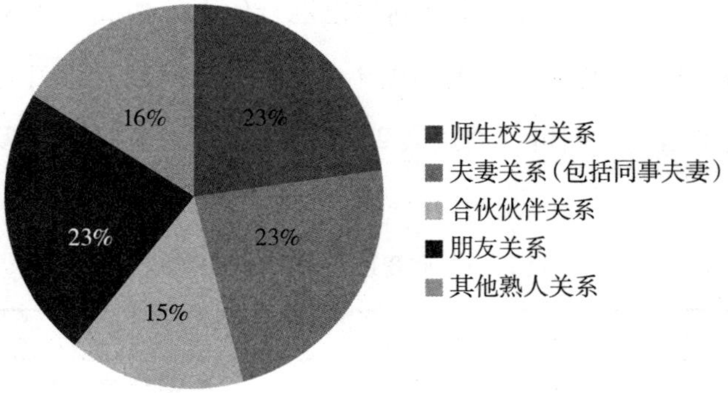

图 2 -1　阿里巴巴创始人与合伙人的关系

通过马云合伙人的构成，可以清晰地看出公司股权合伙人大多有朋友、同事、夫妻、师生、校友等，这也是小公司寻找合伙人的首选。关于这一点，我们亦可在百度合伙人的案例中得到佐证。

【股权合伙案例】

案例：百度“七剑客”的合伙关系构成

百度创始合伙人团队分别为：李彦宏、徐勇、刘建国、雷鸣、郭眈、崔姗姗、王啸，被业内称为“百度七剑客”，如表 2 -2 所示。

表 2 -2　李彦宏与合伙人的关系

姓名	与李彦宏的关系	备注
徐勇	校友	李彦宏刚到硅谷时相识
刘建国	校友	曾经天网的主要开发者
郭眈	公开招聘	公开招聘
雷鸣	校友	曾经参与过刘建国的天网的建设和维护
崔珊珊	公开招聘	百度的第一批工程师之一
王珊	公开招聘	公开招聘

通过表 2 -2 可以清晰地看出百度的合伙人构成与阿里巴巴有相似之处，但也有不同之处，不同的地方在于：有 3 位合伙人与创始人李彦宏有校友关系，但他们又不是直接的校友，而是通过妻子和行业专业交流认识；而另外 3 位合伙人则是通过公开招聘渠道加入的。

由于李彦宏创立百度前，是在美国读大学且工作，当他创立百度时，在国内并没有积累到人脉，没有亲密的同学和朋友资源，所以在寻找合伙人时，通过公开招聘也是一种行之有效的方式。即使如此，百度合伙人的构成，其中校友关系的占比仍然高达 50%。

【股权合伙实操】

作为小公司的创始人，我们都想如马云、李彦宏一般，找到最合适的合伙人，一起把公司做大做强。那么，我们如何找合伙人才是最靠谱、最高效的方式呢？

◎**去“五同”关系网里找**

虽然电影《中国合伙人》中有句广为传播又毒害至深的台词，“千万别和最好的朋友合伙开公司”，但基于以上阿里巴巴、百度的实证，不难发现小公司创始人寻找合伙人最靠谱、最高效的来源方式为“五同”关系网，如图 2 –2 所示。

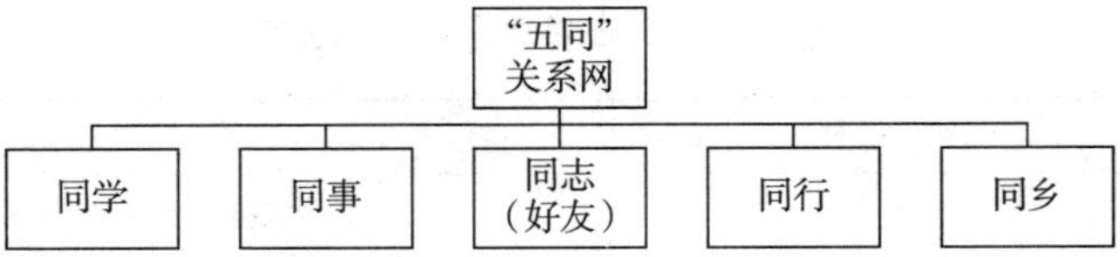

图 2 –2　创始人寻找合伙人最靠谱、最高效的来源方式

不是所有的“五同”都可以做合伙人，但是从“五同”关系网中选到合适合伙人的方式是小公司创始人寻找合伙人最靠谱、最高效的方式。如果基于亲密关系的圈子都不能合伙创业，那么公开寻找的陌生人更难组成合伙人团队，并且在公司发展前期，寻找到优秀的陌生人的成本是非常高的。

虽然从熟人圈里寻找合伙人能很快度过磨合期，是小公司创始人寻找合伙人最直接、效率最高的方式，但从熟人圈里寻找合伙人也有一大弊端：工作中容易掺杂私人问题，弱化公司制度，尤其是在我国这样一个人情社会的大背景下，有时在感情和原则之间难以抉择。因为合伙创业最后化友为敌、不欢而散的也不在少数。

◎**通过猎头公司和公开招聘的方式**

如果在熟人圈不能寻找到合适的股权合伙人，创始人还可以寻求猎头公司的帮助，精准地挖掘、挑选合适的人才，为己所用。

除此之外，小公司创始人还可以面向全社会广泛撒网，广发“英雄帖”。当然，这个过程好比大浪淘沙，虽不失为发现人才的有效渠道，但与其他圈子相比较，就费时费力多了。之前也有人通过开 Uber 吸引人才，寻找合伙人的例子。虽然只是茶余饭后的笑谈，但也深刻反映出一个现实：有人求贤若渴，也有人怀才不遇。

除了通过以上两大方式寻找合伙，小公司创始人还可以自己培养合伙人。例如，李嘉诚在他两个儿子李泽钜、李泽楷还很小的时候，就在董事会上为他们设立专座，从小培养熏陶。两个儿子长大后，果然不负众望，挑起大梁。如 WIS 互联网公司创始人黎文祥在大学时期就开始通过大学社团，将身边的同学、朋友培养为合伙人。

◎公司发展的不同时期要采取不同的合伙人引进策略

小公司股权合伙人的选择并不是一蹴而就的，而是要根据公司发展的不同时期采取不同的合伙人引进策略。例如，2014 年阿里巴巴上市时，其合伙人由原来的“十八罗汉”增加到 30 人，而原先“十八罗汉”中的合伙人仅有 7 人留任，其他 23 位合伙人都是通过公开招聘的方式进入的；又如百度上市后，除了创始人李彦宏以外，原来的百度“七剑客”也相继离开了。

通过这些公司股权合伙人的变化，可以总结出公司从初创到做大做强的合伙人来源方式：从基于强关系为主的人才引进，到引进基于弱关系的社会人才招聘，再到采用基于契约的职业化经理人关系的变化规律，具体如图 2－3 所示。

除了以上三大方式，在这个“渠道为王”的时代，小公司创始人还要锻炼自己看人、识人的眼光，有意识地去筛选合适的合伙人。这就好比软件银行集团董事长兼总裁、著名投资人孙正义仅凭马云的几句话，在初次见面的几分钟后就毫不犹豫地投了马云 2000 万美元。为何孙正义有如此大的魄力？因为孙正义有高度辨识人的能力。作为小公司创始人，我们也要具备这样的能力。

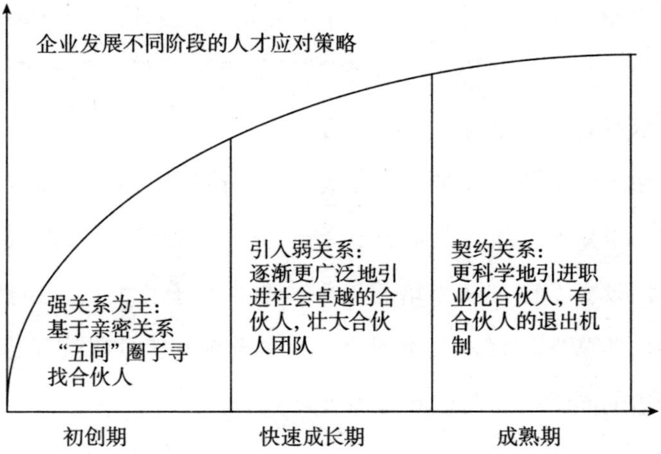

图 2-3 公司股权合伙人来源方式的变化

2.2 找什么样的合伙人

【股权合伙看点】

知道了寻找合伙人的方式之后，创始人紧接着要考虑的就是寻找志同道合的合伙人，找合伙人的第二步就是要思考你想找到什么样的合伙人，什么样的合伙人才能与你一起把宏伟的想法变成现实。

中国房地产风云人物冯仑说："要像女人对待终身大事一样选择合伙人。"在他的观念里，选择合伙人犹如选择人生伴侣，只有选出了最适合自己的，合作双方才能一路同甘共苦，长久地走下去。

然而，令人感到遗憾的是，很多小公司的创始人在选择合伙人时十分草率和仓促，就像"闪婚"一样。虽然"闪婚"不一定不能"白头偕老"，但没有经过了解、深交的合伙人，会给整个"婚姻"带来巨大的风险。所以，对于小公司创始人来说，在选择合伙人时一定要谨慎。

在中国古代，老百姓识字率普遍不高的情况下，官府会用"画像"来寻人。中国画不以写实见长，但聊聊数笔就能勾勒出一个人的明显特征。现代警察也会运用"画像"的技术来描绘犯罪嫌疑人的面部特征，甚至还发展出了"心理画像"技术，可以让警察通过心理特征来寻找犯罪嫌疑人。从古到今，"画像"都是寻人的最佳手段。把"画像"应用到商业领域，同样可以帮助小公司创始人找到最合适的合伙人。

所谓“画像”就是设定“合伙人标准”，再根据这个标准在茫茫人海中找到最合适的合伙人。因此，制定合伙人标准才是找到最佳合伙人的关键。

那么，小公司创始人应该如何建立合伙人的“画像”呢？以下合伙人“4+1”画像模型可以为大家提供画像依据，如图2-4所示。

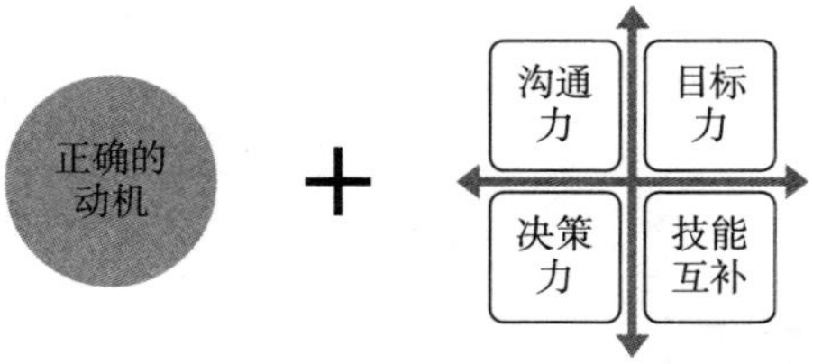

图2-4 “4+1”画像模型

下面案例中的CS公司就是运用“4+1”画像模型找到了合适的合伙人。

【股权合伙案例】

案例：三位合伙人各有专长，优势互补

王泽新、张世华、胡易昌三人，不仅是大学同学，还是默契十足的公司合伙人。在CS公司里，他们三个人各有专长，形成了一个优势互补的合伙团队。

大学毕业时，王泽新南下闯荡，张世华选择继续深造，而胡易昌则进了一家公司。3年后，王泽新产生了创业的想法，于是他回到家乡开了一家小公司。在他的勤劳和努力下，公司的生意越来越好。由于公司有了扩大规模和业务的需要，王泽新想找两位合伙人一起把公司做大做强。

于是，他想到了自己大学时代的好朋友张世华和胡易昌，张世华研究

生毕业后，始终没有找到满意的工作，而他有着非常好的沟通力和技术，这两点恰恰是王泽新没有的。于是王泽新立刻对张世华发出邀请，希望他能成为公司的合伙人之一。而胡易昌则在价值观和思想上与王泽新一致。

三个人一拍即合，张世华和胡易昌加入了王泽新的公司，成为了股权合伙人。在共同经营公司的过程中，他们遇到过各种各样的困难，但是他们一直互相帮扶，紧密合作，共同渡过了一个又一个的难关。他们一直坚持“三人行，必有我师”的理念，坚持互相学习，取长补短，发挥各自的专长，把公司经营得蒸蒸日上。

【股权合伙实操】

对股权合伙人进行“画像”是小公司创始人寻找合伙人首先要解决的一个关键问题。合伙人就像是创始人的配偶一样，每天大多数的时间都会和创始人待在一起，讨论公司的重大决策，并就一些问题达成共识。例如，公司应该打造一款什么样的产品，应该制定什么样的营销策略以及是否对公司的股权进行出售等。因此，找什么样的合伙人对于小公司而言是至关重要的一步，那么小公司创始人应该如何对未来的股权合伙人进行“画像”呢？

关于如何对未来的股权合伙人进行“画像”，如今有很多方式，但大多还停留在价值观的层面，虽然并非有误，但却缺少判定的标准，因为“价值观”是很难一时看清的。对此，小公司创始人可以运用上面的“1 + 4”画像模型来给未来的股权合伙人进行“画像”。

◎正确的动机

合伙人的正确合伙动机一般分为以下三种。

（1）成就动机

成就动机，是指一个人追求成功和卓越、希望做到最好，有获得成就的心理需要。

（2）权力动机

内心对权力有很强烈的需求，希望自己能影响和控制他人。但权力与责任是共生的，所以，这个人不但要有管理别人的欲望，还要有为公司负责的勇气和能力。

（3）亲和动机

一般人都有寻求他人喜爱和接纳的需要，善于建立良好而和谐的人际关系，能促进公司团队的融洽和谐。

小公司合伙人可以根据合伙人的动机，来判断该合伙人是否适合公司的需要，以及该合伙人在公司应该担任何种职位。根据不同的合伙动机，合伙人可以被分为“管理型”和“技术型”两大类，如图2－5所示。

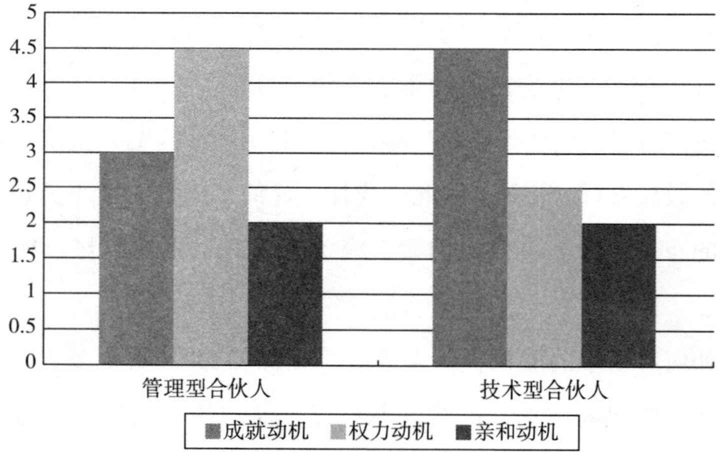

图2－5　按动机强度不同划分的两种合伙人类型

◎沟通力

小公司创始人做出错误决策时，合伙人能否真诚地指出错误并加以制止？创始人提出的批评或建议，合伙人是否能够接受？合伙人与创始人之间是否能够做到真诚沟通？这些都取决于合伙人是否具有很好的沟通力。

在选择合伙人时，小公司创始人应该首先考察合伙人的沟通力。合伙人必须要有坦率沟通的能力，这样才能及时地发现和解决公司运营中遇到的问题，为公司的发展和壮大清除障碍

不过，与合伙人建立良好的沟通，除了需要合伙人本身具有沟通力以外，还要合伙人与小公司创始人之间彼此信任和尊重。因为，大家同在一条船上，必须要同心协力，才能让小公司的“船”不沉。小公司在做大做强的过程中，会面临很多的挑战和困难，创始人和合伙人之间必须保持良好的沟通，才能解决困难、迎接挑战。

◎目标力

选择合伙人不是选择朋友，两个人能成为朋友是因为有共同的兴趣爱好，或者双方互相吸引，而成为合伙人则必须要有共同的目标和同样坚定的决心。

大家合伙做事业的目的各不相同，有的人想挣大钱，有的人为了扬名立万，有的人享受事业成功的成就感，还有的人是为了体验不一样的人生。无论合伙的目的是什么，只要有共同的目标就可以成为合伙人。如果合伙人和小公司创始人没有共同的目标，合伙人就会很容易被其他的公司或项目吸引，导致合伙关系破裂。

除了确立共同目标，小公司创始人还可以问合伙人这样几个问题：

①合伙人对公司未来发展有什么预期？

②合伙人是否认同公司的文化？

③公司文化中应该有哪些关键因素？

④发生争执时，合伙人与创始人如何达成一致？

问清楚这几个问题，能够帮助小公司创始人弄清合伙人的想法，看对方与自己是否有共同目标。

◎**决策力**

小公司在合伙初期一般都是由创始人来统筹全局、担任公司CEO，而合伙人会担任技术主管或者其他职位。例如，微软公司的比尔·盖茨和保罗·艾伦，以及苹果公司的史蒂夫·乔布斯和史蒂夫·沃兹尼亚克。这样的分工能让公司在初期得到快速成长。

但是，随着公司不断地发展和壮大，合伙人也要担任做决策的角色，这就要求合伙人具有较强的决策力。没有任何一家公司在发展的道路上能一帆风顺，合伙人作为公司的核心管理层，如果没有独立决策的能力，那么在公司遭遇困难的时候就无法帮助公司化解危机，甚至会因为负面的声音而对合伙关系产生动摇。

决策力也是判断力，更是“捕捉”机会的能力，优秀的合伙人能通过自己的判断和决策为公司“捕捉”更多的业务机会，让公司发展和壮大。一个具有决策力的合伙人，一定会忠于自己的选择，也有坚持的决心。这样的合伙人才有可能和公司一起共度难关。

◎**技能互补**

公司如果要开发一款产品，就需要一个对产品具有强烈感知能力的合伙人，或者有技术专长的合伙人；如果公司需要打开市场，就要找一个有客户资源或者擅长营销的合伙人；如果公司需要管理人才，就要找一个善于管理的合伙人。

一个小科技公司创始人找了两个技术合伙人，虽然公司表面上看实力很强，但是，拥有两位技术合伙人，对这家小公司来说并不是一件好事。因为两位合伙人的角色定位是完全相同的，没有形成技能互补，而且小公司的业务量不大，只需要一位技术合伙人就足够了。

小公司创始人在选择合伙人时，应该注意合伙人之间的技能互补，而且创始人与合伙人的功能也不能重叠。一个合伙团队的成员要各有所长，无论是知识，还是技能都要形成互补，这样不仅能达到团队协作的目的，还能有效分散风险，有利于公司进行资源整合。

以上这 5 个方面都是最佳合伙人应该具备的潜力因素，潜力是基于现在的能力和过去经验的集合，预测一个人未来是否会成功的关键因素。通过考察合伙人的潜力，小公司创始人可以判断出合伙人未来的表现。对小公司来说，除非创始人具备一定的社会影响力或者非常优秀的职业履历，否则很难吸引到各方面都十分优秀的合伙人。所以，根据潜力因素去选择合伙人对小公司来说才是最实用的。当然，除潜力以外，共同的价值观和教育背景也是选择最佳合伙人时重要的评估因素。

2.3 如何评估潜在合伙人

【股权合伙看点】

当小公司寻找合伙人时，不妨按照上面的“五同”关系网，参照画像找人，这样的方式比较高效。雷军在创办小米公司的时候，没有任何硬件创业的经验，因此想找一名硬件工程师难度很大，他当时的做法是列了一大串合伙人的名单，然后逐个联系。

当你发现合适的合伙人目标时，如何评判他是否有能力与团队一起走得更远呢？这也是值得小公司创始人思考的问题。

著名心理学家卡尼曼年轻时接受过这样一个任务：为以色列国防军建立面试系统。卡尼曼列出了符合战斗军人要求的 6 种特质，如责任心、社交力、男子气概等。针对每个要点，他对面试者的生活进行提问，这些问题涉及面试者生活的方方面面。

例如，之前从事的工作、和朋友见面的频率、兴趣爱好、擅长的运动等等。面试官要按照指导提出问题，并根据相应的答案对每个特质评分，然后把每一项的评分加起来就能得出结论面试者能否加入部队。最终证明，卡尼曼的方法非常有效，之后的 40 年，军队一直在运用卡尼曼的办法，基本没有变化。

卡尼曼的这种面试评估方法就是基于画像特征，即人才标准的评估方法，如图 2－6 所示。

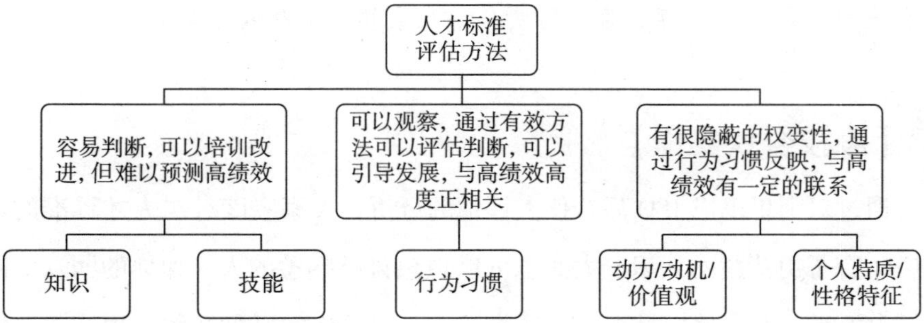

图 2－6　人才标准的评估方法

你想找什么样的合伙人，就把要求罗列出来。然后，按照标准，通过实地考察和提问交流，评估清单上的合伙人，最终选择优秀的合伙人。阿里巴巴在 IPO 之后，对合伙人的挑选采取了严格的评估标准，这一标准实则也是运用了人才标准的评估法。

【股权合伙案例】

案例 1：阿里巴巴 IPO 后的合伙人评估法

在前面的案例中，我们已经说过阿里巴巴的“十八罗汉”在上市之后只有 7 人留任。那么，现在我们就来看一看，阿里巴巴在 IPO 之后，是如何评估潜在合伙人，并最终选对合伙人的。

阿里巴巴在 IPO 后对合伙人有以下 4 个要求。

①合伙人必须在阿里巴巴服务满 5 年。

②合伙人必须持有公司股份，且有限售要求。

③由在任合伙人向合伙人委员会提名推荐，并由合伙人委员会审核同意其参加选举。

④在一人一票的基础上，超过 75% 的合伙人投票同意其加入，合伙人

的选举和罢免无须经过股东大会审议或通过。

此外，成为合伙人还要符合两个弹性标准：对公司发展有积极贡献；高度认同公司文化，愿意为公司使命、愿景和价值观竭尽全力。

【股权合伙实操】

通过对阿里巴巴 IPO 后合伙人评估的分析，大家应该对“人才标准的评估法”有了更清楚的认识。大家也可以想想自己熟悉的人，如你的朋友、同事、上下级，看看他们是否符合这些指标。为了让大家更好地运用这一评估合伙人的方法，下面将对“人才标准的评估法”进行具体讲解，以帮助小公司创始人评估潜在的股权合伙人，最终找到最合适的合伙人。

◎动机：不适合做股权合伙人的四类人（从反面说）

关于合伙动机，我们在前面章节里讲过正确的合伙动机，那么在这一节里，我们从反面来说一说不适合做股权合伙人的四类人，如图 2－7 所示。

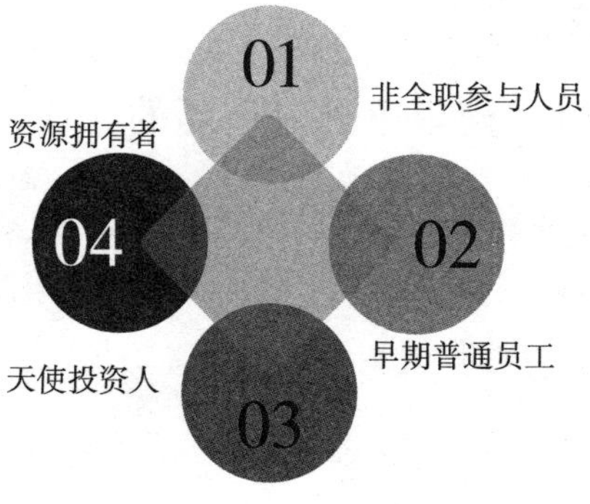

图 2－7　不适合做合伙人的四类人

（1）非全职参与人员

对那些不能全身心投入小公司创业的人，不管是技术指导还是渠道开辟，最好是按照公司外聘顾问的标准进行少量的股权发放。凡是不能全职参与创业工作的人，都不能将其选择为公司的合伙人。

还有这样一种情况，当某个人在公司任职时拿到投资后辞了自己的工作，然后全职加入到创业团队中，此时，又该如何处理呢？一般来说，这样的人也是不能被称为合伙人的，因为他们没有承担和其他合伙人一样的风险和责任，所以他们的性质其实和第一批员工是一样的。

（2）早期普通员工

小公司在发展初期最好不要给早期的普通员工发放股权。原因有以下两方面。

①如果一开始就给他们发放股权，公司的激励成本会很高。而且，就算发放了股权，激励效果也是有限的。因为，以小公司目前的情况来说，股权还不能兑现，员工会认为公司是在给自己画饼，反而会弄巧成拙。

②如果小公司等到发展成熟，再进行股权激励，那么此时只需要很少的股权就能解决大问题。

（3）天使投资人

大部分情况下，天使投资人只管投入资源，并不会完全参与到公司的经营工作中，而且他们投资得越多，所占的股份也会相应越多。针对这一点，我们应该坚持以下两个股权分配原则。

①投资人虽然投钱多，但是占股少，需要用钱买股权。

②创业合伙人虽然投钱少，但是占股多，通过长期全职工作，为小公司创造价值赚取股权。

需要注意的是，既然天使投资人在经营公司的过程中只出钱不出力，而合伙人却要出少量的钱又出力，那么当投资人想要出让股权时，购股价格应该比合伙人的高，而不能按照合伙人的低标准来算。

（4）资源拥有者

相信大部分小公司在创业初期都需要很多的资源支持，如人力、物力、财力、技术等。此时，小公司最容易犯的错误是由于急于求成，便向那些资源拥有者承诺过多的股权，把他们当成公司合伙人来对待。

事实上，在这个过程中，绝大多数的小公司创始人都没有搞清楚，小公司的价值是通过创始人团队长期经营，投入精力和人力实现的。对于那些给资源不做事的人来说，最好的方法就是“就事论事”，只谈利益合作，不谈股权。

小公司创始人在评估潜在合伙人时，可以对照以上 4 条查看其条件。如果潜在合伙人只符合其中一条或数条，那么建议不要选择其作为合伙人。

◎资金/技巧：看合伙人的优势

如果小公司要选择资金合伙人，那当然是看他的钱；如果是选择运营合伙人，就要判断他的优势。人力资源专家认为，公司合伙人的优势一共可以分为 4 大类，分别是执行力、影响力、人际关系和战略思维。这四类优势又有细分，如表 2 – 3 所示。小公司创始人可以根据合伙人自身的优势类别和实际需求去判断他们是否适合自己的公司。

表 2 – 3　合伙人的四大优势类型的细分

四大优势类型的细分			
执行力	影响力	人际关系	战略思维
成就、统筹、公平 信仰、审慎、纪律 专注、责任、解决	行动、领导、沟通 竞争、完美、自信 追求、取悦、感染	适应、伯乐、联系 理解、和谐、包容 积极、交往、接纳	分析、研究、前瞻 理念、预测、思维 学习、战略、总结

◎行为习惯/价值观：看合伙人对财富和家庭的态度

要评估合伙人的行为习惯和价值观，可以从以下三个方面去评估。

（1）看对方对财富的态度

观察一个人怎样花钱，怎样挣钱，能看出他对财富的态度。如果一个人有多少钱花多少钱，或者花钱的速度赶不上挣钱的速度，总是入不敷出，那么他一定不是“最对”的合伙人，因为他不懂节制。如果一个人是个守财奴，那么他也不是最佳的合伙人，因为他不懂得合理利用财富。当然，小公司创始人还要考察合伙人的财务状况，如果合伙人的财务状况不佳，就可能会导致合伙的不稳定。

（2）看他对家庭的态度

对家庭的态度能反映一个人的人品和道德。在挑选合伙人时，那些不在乎家庭、不关爱家人、不孝顺父母、对家人态度恶劣的人最好不要选，因为他对他人通常没有感恩之心，对人也缺乏最起码的关心、尊重和善意。对家人态度恶劣的人一般都缺少基本的道德。而道德是一个人做人做事的底线，如果连基本的道德都不具备，那么，这样的合伙人对公司和创始人来说无疑是一个“定时炸弹”。

（3）看对方过去的经历

丰富的人生经历是一个人最宝贵的财富之一，无论是好的经历，还是坏的经历，都能反映出一个人的为人和处事。小公司创始人要多关注合伙人过去的经历，要从他们的经历中更全面地了解他们，看他们是否具有管理好公司的能力，是否有独到的眼光，是否有拼搏的勇气，是否能为公司带来成长。

◎个人特质/性格特征：看合伙人的意志力和决心

合伙人的意志力和决心应该包括这些方面：当面对困难和挫折时，可以从失败的打击中快速恢复，并且继续向着目标坚定地前进，具体可以从以下两个方面去评估。

（1）看对方对事业的理解

有些人对事业没有长期的规划，也没有任何目标，只是单纯地做眼前的事。这样的人即使专业能力再强，也不适合当合伙人。因为这类人在事业上没有野心，不适合长期而艰苦的创业，如果与他长期合作的话，容易产生根本性的分歧，不利于公司发展。

（2）看其文化修养

文化修养决定了一个人做人做事的眼光和态度，文化修养较高的合伙人，具有更独到的眼光，对人对事都更有包容性，也更有做事业的恒心和信念。所以，文化素养较高的合伙人，能让合伙关系更加长久。

但是，凡事都有两面性，文化修养高的人也难免会有一些“书生气”，这样的“书生气”容易让他们缺乏灵活和变通的能力。而且文化修养较高的人，通常比较缺乏冲劲和爆发力，这在商业竞争中也是一种劣势。

除此之外，小公司创始人在难以采取理性、科学的工具评估的时候，善于用感性的判断也许有利于帮助其作出合伙人评估决策，创始人可以多问自己以下几个问题。

①这个人是我理想的人选吗？如果不是有多大的差距？

②我能从这个人身上学到更多的东西吗？

③如果这个人为竞争对手工作，那会怎么样？

④这个人能给公司带来更大的价值吗？

问过以上的问题后，也许创始人对合伙人的决策会更加决断和精准。

2.4 如何吸引合伙人

【股权合伙看点】

对于小公司来说，即使找到了你想寻找的合伙人，也往往没有那么容易说服他加入你的合伙人团队。原因是你的公司规模较小，而绝大多数优秀人才更愿意选择加入大型企业，小公司相对于大型企业在吸引人才上有着天然的劣势。

那么，创始人又该如何吸引优秀人才放弃进入大公司的机会，转而加入你的小公司呢？

首先，小公司创始人本身应该是一个事业愿景和人格魅力都可以得到优秀人才认同的优秀人，因为优秀的人才往往更倾向于加入一个优秀的团队。众所周知，三国时期蜀国的综合实力远不如其他两国，但诸葛亮还是选择为刘备出山。诸葛亮在《隆中对》中给出了解释，他评价刘备："将军既帝室之胄，信义著于四海，总揽英雄，思贤若渴。"诸葛亮选择刘备的根本原因是他们有着崇尚德治、推行仁政的共同信念，有着匡扶大汉江山的相同目标，因而他们互相吸引。诸葛亮被刘备吸引，自然也愿意为他效力。

当代社会，谷歌公司同样以人才济济著称。谷歌公司有着顶尖的环境设施、企业文化和福利待遇，更重要的是，精英人才加入谷歌就有机会与顶尖的创意精英共事，这一点正是谷歌公司吸引精英人才的不二法门。只有杰出的创始人才能吸引到同样杰出的合伙人，而普通的创始人只能吸引到普通甚至平庸的人。

其次，小公司创始人需要用自己的事业愿景和梦想来吸引志同道合的创始人。马云吸引了一群愿意为他每月只拿 500 元的精英人才，靠的就是他“要创办世界上最伟大的互联网公司”的梦想和“天下没有难做的生意”的愿景。

除此之外，小公司在发展初期往往因为现金压力、盈利能力等问题，不能提供高额的薪资，因此在这一阶段选择以股权为代表的未来收益保障也是吸引和绑定优秀合伙人的重要手段，创始人也可以利用股权使合伙人有更强的企业认同感与归属感。

关于具体的做法，我们来看看黄太吉的创始人赫畅在公司起步阶段是如何吸引优秀合伙人的，相信对小公司的创始人会有所启迪。

【股权合伙案例】

案例：黄太吉创始人赫畅吸引优秀合伙人的法宝和终极秘笈

赫畅给自己的定位是发现优秀创业者，共同打造明星餐饮人、明星产品、明星餐厅。而他的梦想是基于移动互联网思维，将公司打造为餐饮业的梦工厂，餐饮创投业的 YC。为了达成这个目标与理想，赫畅在 2016 年发起了中国首个餐饮产业加速器——未来食。作为起步初期的小公司，未来食在吸引合伙人方面本应困难重重，但这家小公司却在创立初期就招募到了这个领域最顶尖的人才。

例如，人人湘的创始人刘正就是率先加入未来食的优秀合伙人之一。刘正创立了中国餐饮移动互联网化、智能化、社交化的解决方案公司——

香橙餐饮开放平台，而香橙餐饮开放平台发布的中国首个智能餐厅更是惊动了全球媒体。最为惊人的是，刘正名震餐饮业靠的仅仅是 2 家米粉店，令许多投资人都瞠目结舌。

再如英诺天使基金的李竹也是从初期就决定加入未来食的优秀合伙人。李竹本身掌握着清华系投资基金，同时他所创立的英诺天使基金也是中国最早聚焦餐饮互联网的投资基金，英诺所投资的品牌包括美团、人人湘、俏凤凰、客来乐等明星企业。

相信任何一家小公司得到其中任何一位顶尖高手，都会兴奋不已，而赫畅又是如何吸引他们一起来创立未来食餐饮产业加速器的呢?

【股权合伙实操】

黄太吉创始人赫畅吸引优秀合伙人有“三大法宝”和一个终极秘笈，如图 2－8 所示。

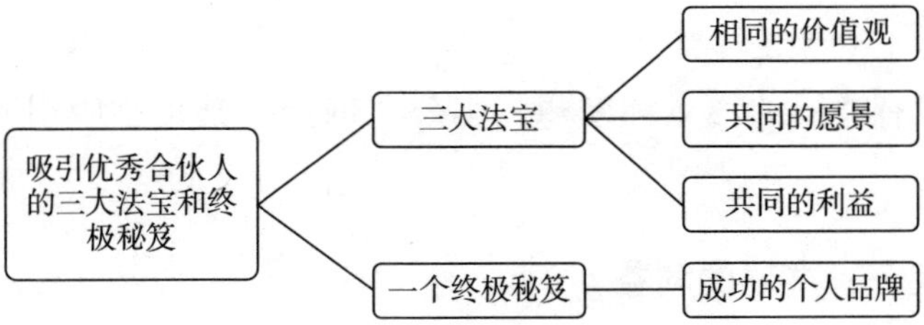

图 2－8　吸引优秀合伙人的三大法宝和终极秘笈

◎法宝一：相同的价值观

最顶尖的人才一定是与众不同的，他们的思维方式和行为方式一定是异于常人的。

例如，黄太吉创始人赫畅在运营黄太吉时，既注重品牌和商业模式的顶层设计，又注重品牌资产的管理与品牌社群的建设，而这种思维无疑是最顶尖的模式。这让同样专注于品牌和商业模式的刘正非常认可。虽然两人相隔千里，素未谋面却成为了知己。

因为有着相同的价值观，两人常常私下交流，渐渐拥有了相似的思考维度。因此在赫畅第一次找到刘正说明自己创办新公司的思路和方向时，刘正当即拍板决定加入。

试想一下，如果彼此没有这份价值观的认同，即使给再高的薪资和股份，相信赫畅也是无法吸引刘正这样优秀的人才毫不迟疑地加入自己的团队的。

对于顶尖高手，名利是吸引不了他的，因为他不缺名利。

◎法宝二：共同的愿景

赫畅创立黄太吉最初的愿景就是成为餐饮行业的梦工厂，做餐饮创投业的 YC。而赫畅初遇刘正时，刘正正打算开放香橙互动智能餐饮解决方案系统，将香橙做成一个平台，利用互联网技术加速优秀品牌成长，创造更多的一流品牌。可以说，赫畅与刘正有着相同的愿景，这才让他们一拍即合。

如果没有共同的愿景和梦想，小公司创始人是很难吸引到优秀合伙人的。

◎法宝三：共同的利益

一件事只对创始人一个人有利，对大家都没有利益，那么这件事是不成立的，也是不可能成功的。

无论是黄太吉外卖平台还是香橙餐饮开放平台，都是中国餐饮明星餐饮人、明星餐饮产品的发现基地，未来食餐饮加速器集这两大核心赛道于一体。一方面可以发现更多的优秀餐饮产品，另一方面也可以集合品牌、模式、赛道、资本优势帮助这些餐饮产品实现从生意到事业的飞跃。这就是赫畅和刘正的共同利益。

共同利益用专业术语来说，就是相关利益者的交易结构，也就是我们常说的商业模式。没有一个商业模式的顶层设计，任何商业都不可持续。而一个不可持续的商业模式，一个没有想象空间的商业模式是不可能吸引到最顶尖的人才的。

因此，共同的利益也是小公司创始人吸引优秀合伙人的重要法宝。

◎终极秘笈：成功的个人品牌

最后，吸引优秀合伙人的终极秘笈就是：小公司创始人自身首先得是一个有品牌的顶尖人才。这句话有两个含义。

①小公司创始人也必须是一个顶尖人才。

②小公司创始人要有自己的个人品牌。

事实上，小公司的发展过程就是创始人重塑自己的过程，因为做大做强公司并不是搞定市场，而是要搞定自己。毕竟无论是千军万马的团队，还是数以百万计的客户群体，全都是由创始人创造而成的。所以，创始人要快速地让自己成为行业顶尖人才。为此，小公司创始人应该每天问自己两个问题：我是不是行业顶尖人才？我如何才能成为顶尖人才？

要成为行业的顶尖人才，不仅要有真才实学，还要有创始人精神。只有内外兼修，才是塑造自己个人品牌的权宜之道。

在实现中，很多小公司的创始人并不看重个人品牌的塑造，认为那是不务实的象征。而黄太吉创始人赫畅却始终致力于塑造良好的个人品牌。他认为，没有品牌就没有声量，没有磁场，也就无法吸引能够与你合作的优秀合伙人。

如今是一个信息爆炸的时代，人与人之间的连接是信息传递的核心，所以塑造个人品牌就显得更为重要了，应当上升到企业的品牌战略高度。

2.5

找几个合伙人最适合当下的你

【股权合伙看点】

在前面的章节中，我们已经学习了关于去哪里找合伙人、如何找合伙人的内容。那么，在本节中，我们将着重解决许多小公司创始人最关心，也是最需要弄明白的问题：对于小公司来说，找几个合伙人最合适呢？

正如这个世界上没有两片完全相同的树叶一样，对于小公司而言，究竟找几个合伙人最合适也没有固定的标准答案。窥一斑而知全貌，通过对小公司合伙成功的案例进行分析，并结合笔者多年的从业经验，笔者发现，对于小公司而言，通常情况下两个合伙人是最为合适的。

例如，微软公司的比尔·盖茨和保罗·艾伦；惠普公司的比尔·休利特和戴维·帕卡德；思科公司的莱昂纳德·波萨克和桑蒂·勒纳，这些都是两个人合伙成功的典范。

为什么两人合伙对于小公司最为合适呢？这是因为从分工和职责来说，合伙人越少，沟通越高效，分工越明确。而这些，不管是对创始人自己还是小公司，都是利大于弊的。

相反，如果合伙人太多，很可能会出现意见难统一、拉帮结派的局面，从而导致小公司因为沟通不畅、决策难做而错失发展良机，无法做强做大，甚至倒闭。

【股权合伙案例】

案例：两个人打拼出来的投哪网

吴显勇和李志刚是投哪网的创始人。在学生时代，吴显勇创业的想法就十分强烈，他曾想出国深造，但是因为错过考试而丧失了机会，最终去了北京汇丰商学院深造。也正是这一次深造，让他认识了自己的合伙人李志刚。

李志刚也有创业情怀，一门心思想创业。因为有一样的创业梦想，又都经历过创业失败和打工，经历十分相似的两人一拍即合，于 2012 年正式合作，创立了投哪网。

创业艰苦，一个刚起步的小公司想要赢得客户的信任更是难于上青天。在创业过程中，为了谈业务、稳定客户，吴显勇和李志刚两人经常披星戴月，以公司为家。在他们不懈的努力下，投哪网逐渐走上了正轨。

然而，由于吴显勇和李志刚两人都没有做小额贷款的经验，他们遭遇了很多次坏账情况，例如，有人借 10 万元，但是只还了 5 万元，甚至有人干脆骗贷不还。吃了多次亏以后，他们开始觉得纯用信用借款的方式是行不通的，并且，双方在经营理念上迅速达成了一致，决定请专业人士来负责小额贷款这部分的工作。于是，他们四处引进专业人才，随着团队越来越壮大、越来越专业，投哪网也逐渐发展有了今天的规模。

可以说，投哪网之所以取得今天的成功，离不开两位创始人的齐心协力。尤其值得我们学习的是，在创业过程中，吴显勇和李志刚两位合伙人始终秉承着共同的创业目标，当发现问题时，能够尽快就解决问题达成一致，并且齐心协力地解决问题。

【股权合伙实操】

周鸿祎曾经建议，小公司创业时 2 ~ 3 个人是最好的组合。从上述投哪网的案例中也可以看出，小公司创业拥有 2 位合伙人，能够让合伙人之间的沟通更顺畅，更利于统一意见的达成和正确决策的作出。

那么，对于小公司而言，究竟几个合伙人最合适？小公司创始人创业，是像阿里巴巴那样，一开始就找 18 个人合伙？还是稳妥一点，先找一个合伙人试试看？合伙人的数量多少对创业有影响吗？相信这是许多小公司创始人都很关心的问题。

前文我们已经强调过，“找几个合伙人最合适”这个问题本身是没有标准答案的，找合伙人的主要目的是促进公司的进一步发展，所以，合伙人的数目不必太拘泥于数字，而应该根据公司的实际情况来决定。小公司创始人在确定创业合伙人的数目时，一定要弄清楚自己真正需要什么人、什么资源，以及想把公司发展到什么样的规模。

一般来说，小公司想要快速发展，就必须提高效率，就必须迅速、准确地作出决策。从这个层面来说，小公司的合伙人数不宜过多，2 ~5 个足矣。

总之，小公司创始人在确定合伙人具体人数时，一定要立足自身实际，要明白，合伙人绝不是越多也好，如图 2 －9 所示。

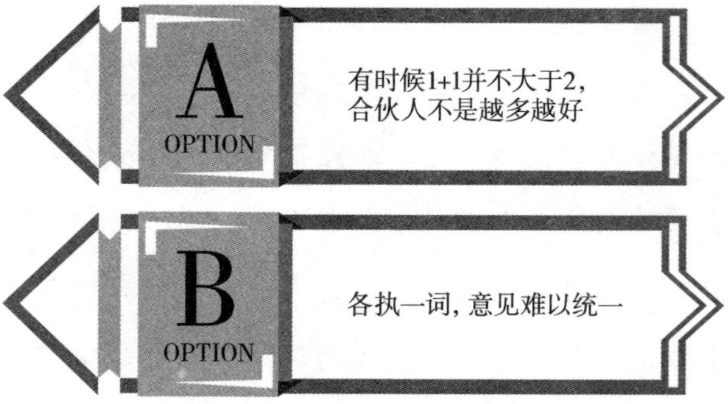

图 2 －9　为什么合伙人不是越多越好

◎有时候1+1并不大于2，合伙人不是越多越好

小公司寻找合伙人的目的是强强联手，把强大的人联合在一起，共同促进公司的发展。然而，有胆量创业的人，野心通常也比较大，容易以自我为中心，所以很难形成向心力。

从某种程度上来说，合伙的人多了，小公司的发展不一定能顺利。就像一场球赛一样，如果队员全都是大球星，可能就会出现相互之间谁也不服谁、不想合作的局面，那么最后就注定会输掉比赛。

◎各执一词，意见难以统一

情侣或夫妻刚开始时都是你侬我侬、如胶似漆，但是热恋期、蜜月期一过，问题就逐渐出现了。小公司合伙人也面临一样的问题，当热血沸腾的创业初期过后，当公司逐渐走上正轨之后，公司面临的问题和需要决策的东西也会随之多起来。例如，下一阶段的工作重心是做产品还是做推广；是和张明合作还是和李伟合作等。

在做决策时，那些曾经志同道合、为了同一个目标走到一起的合伙人，各自的出发点和目的也可能会不同。此时，如果合伙人太多，就会在沟通上浪费时间和精力，并且容易出现各位合伙人各执一词，意见太多，难以统一的局面。

就像老电影《大浪淘沙》里所演的那样，6个好兄弟一起参加革命，最后有人当了逃兵，有人当了叛徒，坚持初心不变的寥寥无几。所以，小公司创始人在确定合伙人数目时，不应抱有以数量取胜的观念，而应该立足自身实际，实事求是。对于大多数小公司而言，其实两三个合伙人就已经足够了。

第3章

相处之道：

如何与合伙人磨合成心有灵犀的搭档

俗话说，“相爱容易相处难”。合伙人亦是如此。合伙人之间从信任到理解再到相互欣赏，境界越来越高，发展越来越难。因此，掌握合伙人之间相处的技巧，对于小公司的健康成长尤为重要。

3.1

小公司合伙人之间最容易出现的三大问题

【股权合伙看点】

找到优秀的合伙人并不意味着做大做强公司之路就一马平川了。很多小公司之所以衰败，最大的原因并不是商业模式不行，也不是竞争对手强大，其原因往往来源于公司内部：与合伙人之间难以和谐相处。

笔者曾经采访过很多股权合伙失败的当事人，也对近百个股权合伙失败的案例进行了细致研究，发现这些合伙人之所以不能和谐相处，其共同点就是：公司起步阶段，大家的目标一致，齐心协力，不计得失。但只要公司发展稳定，走上正轨，合伙人之间便难以相处：排座次、分金银、论荣辱，不是剑拔弩张内耗不止，便是梁山英雄流云四散。

归纳起来，小公司合伙人之间的矛盾主要集中在以下三个方面，如图 3-1 所示。

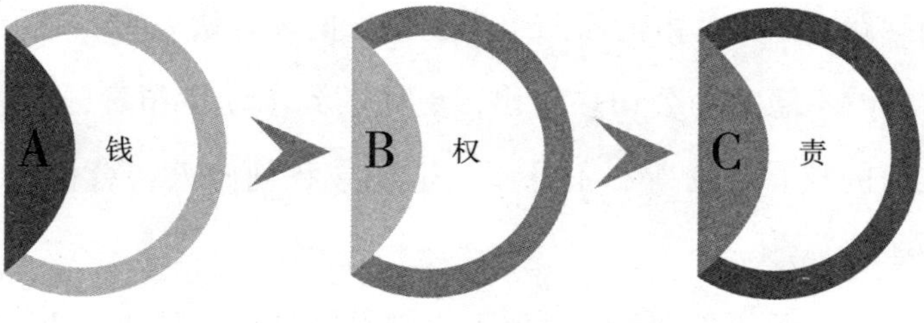

图 3-1　小公司合伙人之间最主要的三大矛盾

（1）“钱”的问题

“钱”的问题从本质上来说就是股权纠纷，而股权纠纷又是导致公司分崩离析、合伙团队散伙的主要原因。

泡面吧、西少爷、罗辑思维、首席娱乐官等公司都是倒在了“股权纠纷”的阴影之下。西少爷的3位联合创始人因为股权分配问题而分家；首席娱乐官的2位创始人因为股权纠纷闹到公众号停止运营；泡面吧爆发股权大战，创始人删除产品代码；罗辑思维创始人罗振宇和唯一大股东申音因为股权分配不均而分道扬镳。

综观这些因合伙人之间难以和谐相处而导致公司失败的案例，大多的矛盾都集中在“钱（股权）”上。很多小公司创始人在公司发展初期，对股权分配和利益分配问题没有重视，导致在合伙之初就为合伙人之间关于钱的矛盾埋下了隐患。

（2）控制权的问题

控制权的问题大多是由第一个问题引发的，一旦公司的股权出现了问题，公司的控制权就会随之发生转移。

争夺控制权也是导致合伙关系破裂的重要原因。创始人和合伙人都想掌控公司，就会出现诸如“真功夫家族之争”“豆果网朱虹孕期被开”“拉勾网副总裁被辞”类似的事件。这些事件争论的焦点有所不同，但背后真正的矛盾点都是出于对公司控制权的争夺。

（3）责的问题

责的问题大多又是由前面两个产生出来的。合伙人对“钱”和“权”不满意，自然不愿意为公司多付出，更做不到主动承担责任。除此之外，合伙人之前的权责不对等、不分明，也会导致创始人与合伙人之间发生“责”的问题。

以上三大问题便是小公司合伙人之间最容易出现的矛盾点。下面，我们通过一个因“钱”“权”“责”而发生矛盾，最终导致公司停止运营的案例，来看看这三大问题的利害。

【股权合伙案例】

案例：创始人与合伙人相互指责，北京油通科技陷“罗生门”

北京油通科技有限公司成立于 2014 年，是一家面向车主的 O2O 线上加油站，主要业务是线上加油。车主们可以通过微信公众号、APP 获得“预充值加油卡”服务，线上充值后，加油时再用手机支付，不仅十分简单快捷，还能享受优惠。

这本来是一家具有发展前景的公司，但 2015 年 12 月，仅仅成立一年多的油通科技公司发布公告称：公司管理团队在经营思路上无法达成一致，公司将停止运营。

究其原因，是创始人范庆河与合伙人喻凯之间发生了激烈的矛盾。因为权力与责任的不公平，使得创始人范庆河对合伙人失去了信任，怀疑对方盗走了公章。为了打击对方，范庆河在社交媒体上发文《我的狗血新年：公司倒闭，合伙人偷走公章，投资人追债》。

而因为“钱”没有给到位，使得合伙人喻凯处处刁难创始人范庆河有关公司运营方面的决策。为了反击创始人的发文，喻凯紧接着也发出一篇文章《我的狗血新年（二）：公司倒闭，合伙人竟污蔑我挪公款》。

由此，两人的矛盾激化，公司无法正常运营下去，只得停止运营。

【股权合伙实操】

随着公司的发展和壮大，合伙团队会遇到各种各样的挑战，合伙人的个人能力问题和适应问题会被放大，公司发展初期的制度缺陷也会导致股权和控制权的纠纷。虽然这些客观原因无法在短期内解决，但是小公司合伙人也不应该坐以待毙，而是要积极应对，运用一些好的方法来解决这些问题，与合伙人建立和谐的关系。

下面将从合伙人相处过程中最容易遇到的三大问题入手，谈一谈合伙人之间的相处之道，如图3－2所示。

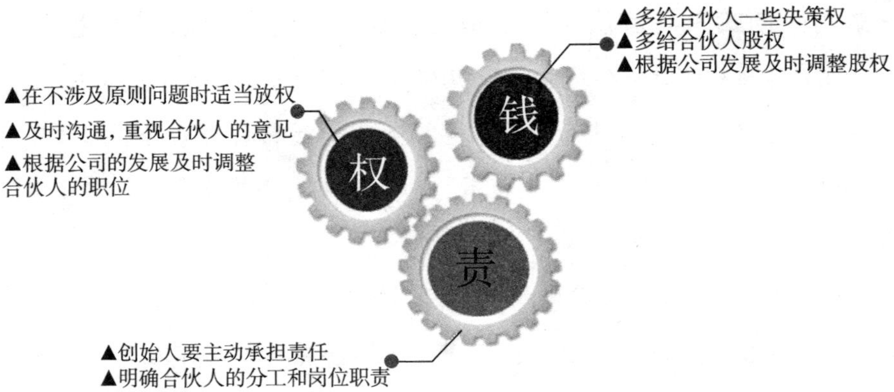

图3－2　与合伙人发生关于“钱、权、责”的相处之道

◎关于“钱”的相处之道

合伙初期，在公司盈利还不够多的情况下，与合伙人发生了关于“钱”的分歧时，创始人可以从以下三方面入手，减少合伙人的疑虑。

（1）多给合伙人一些决策权

多给决策权，多给合伙人一些信任，营造愉快的合伙氛围，让合伙人用“权”来保障自己的利益。

（2）多给合伙人股权

虽然合伙初期公司盈利不多，但是合伙人手握股权心里踏实，就算目前有一些利益还无法兑现，合伙人也会为了更长远的利益考虑，暂时搁置分歧，把目光放在公司未来的发展上。

（3）根据公司发展及时调整股权

公司在发展过程中会不断涌进新的资金和资源，合伙人的投入比例也会发生变化，创始人要对公司的股权进行及时调整。

◎关于“权”的相处之道

当合伙人之间发生“权”的分歧时，要怎样化解矛盾呢？创始人可以按照以下方法来做。

（1）在不涉及原则问题时，适当放权

只要是不涉及公司的经营方向等原则问题，创始人可以适当放权，把做决策的权力交给合伙人，让合伙人在一定范围内自己做主。

（2）及时沟通，重视合伙人的意见

有些分歧，通过沟通就能达成共识，完全没有必要上升成矛盾和冲突。创始人可以通过及时沟通了解合伙人的真实想法，重视合伙人提出的意见。

（3）根据公司的发展及时调整合伙人的职位

随着公司不断地发展和壮大，公司业务增多，合伙人要管理的事务也越来越多，因此，要及时调整合伙人的职位，给予他更多的权限。

◎关于“责”的相处之道

当合伙人之间遇到“责”的分歧时，创始人应该从下面两点出发，修复与合伙人的关系。

（1）创始人要主动承担责任

公司创始人统筹全局，对整个公司负责。无论公司哪一个方面出现问题，创始人都不应该回避自己应该承担的那一份责任。

（2）明确合伙人的分工和岗位职责

创始人在与合伙人分工时不仅要明确权利，还要划分责任，拿出书面的职责分工制度。如果合伙人负责公司管理，那么管理出了问题，这位合伙人就要负责任。无论合伙人负责哪一块业务，都要承担相应的责任。

创始人与股权合伙人之间发生矛盾时，要勇于面对，不要选择回避，积极地与合伙人修复关系，与对方长久地走下去。但是，当双方的分歧无法调和时，创始人也要懂得与合伙人好聚好散，为双方留下一份情面，这样一来，对方也会尽量维护原公司的利益和名誉。如果与合伙人撕破脸皮，不但会伤害自己的名誉，还会使公司的利益受到损害。

3.2

合伙人，你们在靠什么相处

【股权合伙看点】

现实中，很多小公司的创始人对如何与合伙人相处尤为苦恼，不知道如何与合伙人相处才能和谐共存，努力并同心把公司做大做强。合伙人，你们究竟在靠什么相处？

靠权力相处吗？

很多人都读过《水浒传》，书中的梁山就像一家合伙经营的公司，“公司 CEO”宋江一心想投靠朝廷，封侯拜相，享受至高的权力。其他合伙人虽然只想大碗喝酒、大块吃肉，却不得不屈服于大哥宋江的权力。最后大家听了宋江的，却没有得到好下场。

这样的场景在如今的小公司中也经常发生。刚开始志同道合、地位平等的几个人，在成为股权合伙人后，慢慢地就变得不能平等相处，凡事“大哥”一个人专权了。这种现象带来的后果不仅会使合伙人之间发生矛盾，还会影响公司后期的发展。

所以，在强调人人平等的今天，这种靠权力相处的合伙模式已经不再适用，如今市场的主体大多由“80 后”“90 后”主导，这一代人大多追求自我和独立，靠权力来与他们相处基本已经不可能了。

靠道德相处吗?

道德是一种“说不清道不明”的东西，每个人都认为自己有道理，甚至坏人也有自己的一套道德观念，他并不认为自己很坏。所以，讲道理、讲情义是无法解决问题的，只会造成严重的内耗。

换言之，每个人的道德标准都是不同的。道德只能用来要求自己，不能用来要求别人。所以，小公司创始人不能试图用自己的道德标准去约束和要求合伙人，不然一定会陷入“公说公有理，婆说婆有理”的尴尬局面。

既然权力不管用，道德不管用，感情不管用，仁义不管用，那么合伙人相处到底要靠什么?答案很简单：规则。

既然是合伙人，大家在人格上就是平等的，而平等对应的就是一种规则，不是权力，不是道德，也不是感情，所以我们首先要确定的就是合伙人的规则，这是能够保证合伙人和谐相处的基础。

不信的话，我们来看一个在合伙时因为没有制定具体的利益分配规则，而导致公司发展受阻的案例。

【股权合伙案例】

案例：利益分配不均，导致 UFO 陨落

很多人都看过《中国合伙人》这部电影，而电影的导演陈可辛也曾有过从合伙到散伙的经历。

陈可辛曾经和曾志伟、钟珍、陈德森、张之亮、李志毅等合伙组建了电影公司 UFO。拍片风格前卫、题材新颖的 UFO 曾拍摄了《亚飞与亚基》《风尘三侠》《新难兄难弟》等颇受好评的影片。作为 UFO 的“三剑客”——陈可辛、李志毅、张之亮当时是公司的电影创作主力，曾志伟则是公司的创始人。在他们四人的带领下，UFO 一路高歌猛进。然而，一部叫作《金枝玉叶》的电影却成了 UFO 陨落的导火索。《金枝玉叶》由陈可辛导演，张国荣

主演。为了完成拍摄，UFO 公司拿出了之前的大部分收益投进了这部电影，远远超过同期拍摄的其他影片。虽然《金枝玉叶》后来成功收获了 3000 万港元的票房，但是资源分配的不公，却让 UFO 团队出现了裂痕。陈可辛导演曾经回忆："《金枝玉叶》之后，大家变得客气，不会互相批评。"

而之所以出现问题，源于在合伙之初，大家没有建立利益分配规则。一直以来，UFO 实行的都只是简单的平均分配。然而，每个合伙人为公司创造的收益毕竟不同，时间一长，平均分配就显得不合理了。

后来，"三剑客"因为利益分配问题纷纷从公司出走，UFO 公司也变得人心涣散，虽然偶有佳作，但是再也无法回到当初的辉煌。最终，这架香港电影市场的 UFO 陨落在了世纪之交的烟火里。

【股权合伙实操】

UFO 公司的案例告诉我们，在合伙过程中，如果没有一定的规则来维系合伙人，再好的合伙人也可能会散伙。

既然合伙人之间是靠"规则"相处，那么小公司创始人与合伙人相处时，应该遵循哪些规则？如图 3－3 所示。

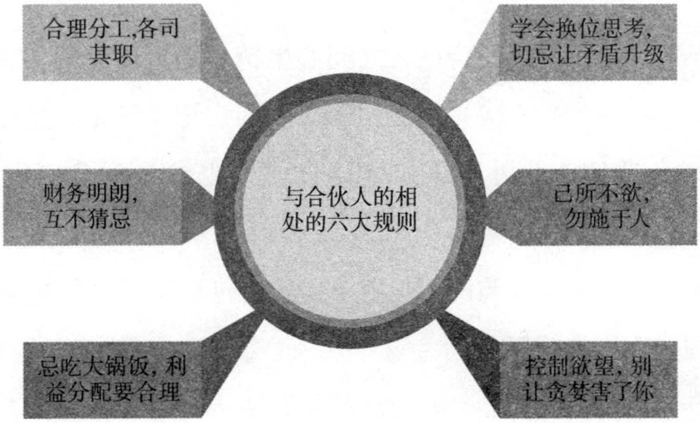

图 3－3　与合伙人相处的六大规则

◎合理分工，各司其职

许多小公司在运营初期由于人员和资金有限，合伙人之间不分彼此，能者多劳，靠着“有活大家干”的方式渡过了不少难关。但是，当公司规模逐渐壮大以后，这种分工方式就行不通了。随着公司事务的增多，创始人应该注意明确合伙人之间的分工和责任，做到权责对应。

具体来说，小公司合伙人之间在进行分工时要注意以下三点。

（1）根据合伙人的优势来分工

让合伙人在自己的岗位上发挥长处。这样做的好处是最大限度地进行资源整合，为公司创造最大收益。

（2）创始人抓好大方向

让有能力的合伙人去做具体的管理。这样做是合理分工的体现，也代表着对合伙人的信任。

（3）主动放权

让合伙人发挥主观能动性。小公司创始人要学会主动放权，让合伙人在一定范围内拥有自主决策权，这样才能更好地激发合伙人的积极性和创造性。

◎财务明朗，互不猜忌

财务不明朗、不公开是合伙人之间心生猜忌的主要原因。在经营公司的过程中，小公司创始人应该将公司账目和资产记录清楚，并向合伙人公开，做到财务透明。此外，还应该让合伙人也参与到公司财务的监管中来。

一般来说，合伙人参与的公司财务监管应包括以下三个方面。

①对固定资产的管理。

②对产品原材料及成品、办公耗材的管理。

③对公司收入和支出金额的管理，收支账目双方应及时清查核对，发

现问题及时追责。

总之，只有做到了财务公开透明，才能增进小公司创始人和合伙人之间的相互信任。

◎忌吃大锅饭，利益分配要合理

运营公司是一个长期的过程，利益分配是必然会涉及的问题。在合伙之初，合伙人之间就应该规划好利益分配的方式，提前预防彼此之间的利益之争。

很多小公司都是按“股份有主次，利益可均分”的原则来分配利益的，这种平均分配的方法实际上就是“吃大锅饭”。利益平均分配的前提应该是每个合伙人为公司做出的贡献都是一样的，然而，现实情况往往并非如此。

通常，在实际经营中，每个合伙人对公司的贡献和价值都是不一样的，采用“平均主义”的分配方式只会抹杀优秀合伙人的贡献和价值，打击他们对工作的积极性。

以下提供几种比“平均主义”更合理的利益分配方式。

（1）按股份分配利益

按合伙人所占的股权来进行分配，再结合合伙人对公司做出的贡献和在公司中的职位，综合计算得出的利益分配方式既公平又能体现差异。

（2）按职位分工分配利益

在合伙之初就为合伙人分好工，让他们分管不同的事情。到了分配利益时，就可以按照每位合伙人的职位来设定分配的比例。

◎学会换位思考，切忌让矛盾升级

在与合伙人相处的过程中，意见不合、发生分歧是常有的事。其实，发生分歧不可怕，可怕的是双方都认为自己是对的，都不愿向对方妥协。当合伙人之间发生矛盾和分歧时，如果不会换位思考、不考虑对方的利益和感受，就会让矛盾升级。

反之，如果双方都能站在彼此的立场上反思自己的行为，或者站在更客观的角度来考虑问题，设身处地地为对方考虑，矛盾就会被轻易化解。

◎己所不欲，勿施于人

想要合伙人怎样对待你，你就要怎样对待合伙人。在与合伙人相处的过程中，小公司创始人要做到“己所不欲，勿施于人”，即自己不愿意做的事，也不要强加到合伙人的身上。具体来说，应该注意以下几点。

（1）充分了解合伙人

小公司创始人一定要充分了解自己的合伙人，除了对方的基本信息，还应该了解对方的兴趣爱好、性格特点、对事物的喜好、平时的习惯等等。充分了解合伙人的目的是在相处过程中避免对方的忌讳。

（2）重视合伙人的想法

当合伙人提出他的想法或经营理念时，先不要急着否定，而应该认真对待，并仔细考虑一番。如果合伙人的想法是对公司运营有利的，就应该广泛听取合伙人的意见，并重视他的想法。

（3）优先考虑合伙人的利益

合伙做事业的重要目的之一就是赚钱，合伙人追求利益和投资回报是十分正常的。当公司获得利润后，小公司创始人应优先考虑合伙人的利益，为合伙人着想，只有这样，合伙关系才能长久。

◎控制欲望，别让贪婪害了你

欲望是两面的，既有利也有弊。如果能对欲望加以约束和引导，它就可以成为人不断努力向上的驱动力；反之，如果一味放任自己的欲望，就会被欲望控制。

小公司创始人作为公司前进的引领者，要学会控制自己的欲望，时刻保持自省，为自己设定一条底线，不能让欲望蒙蔽自己的双眼，影响自己的判断，更不能让欲望变成贪婪，甚至在贪婪的引诱下做出伤害合伙人利益和公司利益的事。只有这样，小公司创始人才能把握好自己的公司和事业。

以上列举了小公司合伙应注意的几大规则，希望能引起小公司创始人的注意。虽然说“亡羊补牢，为时未晚”，但是，与其出了问题再进行补救，不如在合伙之初就做好准备，防患于未然，让自己和合伙人的关系和谐永存。

3.3

如何与合伙人建立“合伙人精神”，保持统一战线

【股权合伙看点】

合伙变散伙，亲友成仇敌，这是每一个小公司创始人都应该深刻思考并防患于未然的问题。合伙人聚集在一起做事业，很大一部分原因是为了追求利益，作为人的天性，逐利本来无可厚非。然而，如果合伙人之间只有利益，没有合伙精神，就会导致最终的散伙和失败。

那么，所谓的合伙精神到底是什么呢？对于这个问题笔者无法给出标准的答案，事实上，没有人能给它完整的定义，因为这个定义是因创始人而异的。不过，站在有利于合伙人之间和谐相处的角度来说，合伙人精神至少包括以下 8 大内容，如图 3－4 所示。

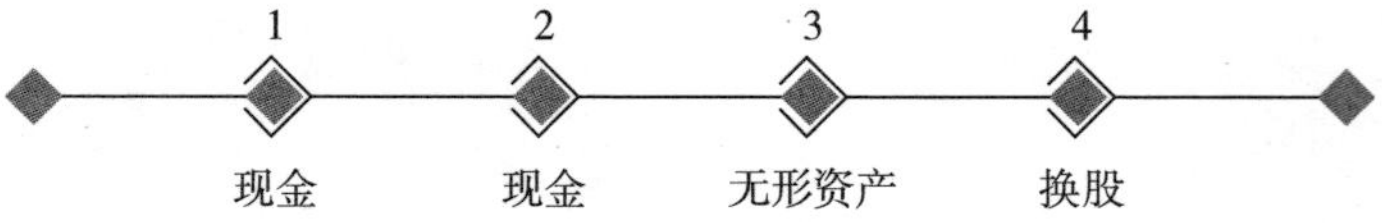

图 3－4　合伙人精神

下面案例中拉勾网的 3 位股权合伙人就是拥有合伙人精神的最典型代表。我们一起来看看他们是如何和谐相处、磨合成心有灵犀的搭档，把公司做大做强的。

【股权合伙案例】

案例：拉勾网合伙人求同存异、目标一致

拉勾网的 3 位股权合伙人——许单单、马德龙和鲍艾乐，就是有合伙精神、思想高度统一的合伙人。尽管他们 3 个人的个性和专长都不同，在公司的经营问题上也有很多分歧，但是他们建立了统一战线，做到了求同存异、目标一致。

3 个合伙人中，许单单是公司董事长，负责统筹全局；马德龙担任 CEO，负责产品和公司管理；鲍艾乐主要负责市场和品牌运营工作。

许单单性格冷静，对人际关系有自己的认识，和人打交道凭自己的喜好，遇到不喜欢的人会比较沉默；马德龙性格外向、乐观、执着，只要认准了一个目标，就会设法去完成；鲍艾乐则是一个完美主义者，擅长与各种人打交道，性格中有非常要强和上进的一面，天生的危机感和焦虑感，让她不安于现状，习惯于向前奔跑。

在经营公司的过程中，马德龙和鲍艾乐曾经不止一次因为意见不同而吵得面红耳赤、互不理睬。许单单和鲍艾乐也曾因为对公司的发展方向产生了严重分歧而爆发了剧烈争吵，最后在马德龙的调解下，两人的意见才达成了一致。

尽管 3 个人常常会产生分歧和争执，但是他们最后往往都能达成一致意见。因为这 3 位合伙人始终恪守着求同存异、目标一致的底线。在一起经营公司的过程中，无论他们之间的分歧有多大、争吵有多严重，他们都不会突破这条底线，而是建立统一战线。也正是因为他们对事业有共同的目标和追求，他们所经营的拉勾网才取得了不俗的成绩。

【股权合伙实操】

只有合伙人之间拥有合伙人精神才能高度统一思想，共创未来。所以，小公司创始人在与合伙人相处时，解决了“钱”“权”“责”“规则”后，接下来要做的就是培养出合伙人精神，这样才能加深合伙团队之间的感情，使公司得到更好的发展。

那么，小公司合伙人之间应该如何建立“合伙人精神”，保持统一战线呢？

◎求同存异

小公司创始人在与合伙人共同开创事业的过程中，难免会发生分歧。此时，如果处理不当，分歧就会变成隔阂，甚至成为公司发展过程中的“定时炸弹”。反之，如果大家本着求同存异的原则，暂时搁置争议，就能朝着共同目标继续前进。

那么，小企业创始人和合伙人在发生分歧时应该如何求同存异呢？具体来说，应该遵守以下原则：

①对于大家都认同的观点，可以尽快讨论通过，使之成为团队的行动纲领。

②对于那些异议和争端，如果是无关紧要的，就先放到一边。

③对于非常重要的分歧，可以由合伙人共同表决，或者由公司最高负责人来拍板决定。

◎敢于担当

在合伙过程中，所有的合伙人既要一起分享公司的盈利，也要共同分担经营过程中的风险和困难。作为小公司的创始人，一定要学会积极地解决问题，遇到风险敢于担当，遇到困难敢于面对，遇到矛盾及时沟通，切不可逃避和推卸责任。

每个合伙人在公司里都有不同的分工和位置，而创始人则承担着总揽全局的任务。所以，不管公司哪个部分出现了问题，创始人都应该及时站出来与合伙人一起承担责任、抵御风险。只有这样，才能及时止损，维护共同利益，并且赢得合伙人的信任。

◎坚守诚信

诚实守信是每个小公司合伙人都应该达成的共识。小公司创始人和合伙人之间只有彼此信任，才能通力合作。反之，如果创始人和合伙人之间缺乏信任，没有全心全意地投入到工作中，而是把心思放在勾心斗角上，就会给合伙关系埋下隐患。总之，坚守诚信是小公司合伙人和谐相处的重要基础。

◎宽容为上

对小公司创始人来说，宽容是一种必不可少的修养。虽然精心挑选了最适合自己的合伙人，但是人无完人，对方身上总会有一些缺点和短板，此时，小公司创始人一定要有宽容的心态，多多包容对方的错误和不足。

除此之外，小公司创始人还应该多去发现合伙人的长处和优点。只有这样，合伙关系才能和谐和长久。总之，一段合伙关系来之不易，创始人千万不要因为自己的狭隘而让它毁于一旦。

◎吃亏是福

在一个合伙团队中，不可避免地会有人吃亏，如果连创始人都不肯吃亏，那么所有人也都会斤斤计较，如此一来，彼此的关系肯定会越来越疏远。

因此，小公司创始人在与合伙人相处时，不能怕吃亏，要明白多付出就意味着多收获，它能够帮你赢得合伙人的信任和敬重，让你在公司更有威望，在决策时更有话语权，并且会让合伙关系更加稳固。

“吃亏是福”是一种为人处世的智慧。从小公司合伙的角度来说，“吃亏是福”的“合伙精神”不是让小公司创始人一味地退让和迁就，而是要做到理智、豁达和克制。

◎时刻谦虚

向合伙人学习是小公司创始人提升自己能力的方式之一。正所谓“三人行，必有我师焉”。每个合伙人都有自己的优势和擅长的领域，小公司创始人要保持谦虚，多向合伙人学习，才能弥补自身的不足，与公司一起成长。

有的小公司创始人安于现状，没有学习的心态，对其他合伙人负责的工作基本不过问。这样做虽然给了合伙人充分的自主权，但也容易造成一旦这位合伙人出现退伙或者无法继续工作的情况，他所负责的那部分业务就陷入了混乱，从而影响公司的正常运营。

◎追求公平

俗话说：亲兄弟，明算账。小公司创始人在与合伙人合伙之前，就应该制定好规则和制度，并严格执行规章制度，保障后期利益分配的公平和公正。当与合伙人发生利益纷争时，小公司创始人要学会用制度和规则去捍卫公平，只有这样才能得到合伙人的理解。在合伙过程中，小公司创始人千万不要因为害怕伤感情而不去追求公平，因为失去了公平，总会有一方心中有隔阂，只有公平，才能缔造团结的合伙团队。

能否与合伙人保持统一战线，关系着小公司创始人与合伙人之间的关系，更关系着公司经营的成败。以上提供了小公司创始人与合伙人建立“合伙人精神”，保持统一战线的七大指导方法，希望所有的小公司创始人都能够学以致用，做到与合伙人相互理解，共同进退，携手推动公司向前发展。

策略篇

决胜千里，拟定合伙人制度

第4章

合伙规则：

如何防止“兄弟式合伙，仇人式散伙”

合伙人，合的不是钱，而是人品、格局和规则。在日常经营中，很多小公司就是因为在合伙之初没有定好规则或违背了合伙规则，最终导致合伙人分崩离析。为了避免不必要的麻烦，掌握股权合伙的运营规则刻不容缓。

4.1

出钱规则：以什么方式出？出多少

【股权制度设计看点】

相信大家都有过这样的经历：孩提时代我们常常在玩具店外驻足，对橱窗里价格不菲的玩具充满渴望；而当我们长大成人，已经可以轻松负担起这个玩具的价钱时，我们却失去了对那件玩具的兴趣。我们总是会对自己付出高价得到的东西格外珍惜。小公司寻找股权合伙人也是同样的心理——只有给公司出资的人才有资格成为公司的合伙人，只有付出一定的代价，合伙人才会对公司产生真情实感。

合伙人出资，从管理心理学来说，既是押金，也是投名状。说到这里，我们先来了解一下合伙人出资的四大类型，如图 4－1 所示。

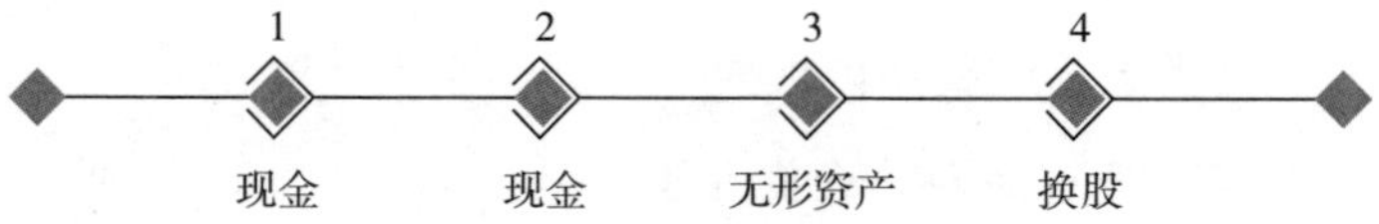

图 4－1　合伙人出资的四大形式

在实际操作中，“现金”“实物”和“无形资产”较为常见。而“换股”出资通常出现于公司发展的后期，收购兼并的场景中，这类出资需要一定的技术。

“现金”和“实物”出资相对比较直观，而“无形资产”出资在实际操作中又是怎样运作的呢？“无形资产”的价值又该如何判断呢？这些问题不能轻率地做出定论，下面就是一个因为没有对“无形资产”做出估价，险些导致合伙失败的案例。

【股权制度设计案例】

案例：“无形资产”出资

王博士留美学医，潜心钻研多年，拥有多项水性材料的发明专利。在王博士回国后，一家专业生产医学材料的知名公司甲找上了他，甲公司创始人希望与王博士一起成立新公司乙。双方友好协商，拟定注册资金大约为2000万元，但双方在进行股权架构的时候却产生了分歧。

王博士认为自己的专利技术价值至少在1000万元以上，要求持有乙公司至少50%的股权。但甲公司却认为，知识产权占公司注册资本的比例过高，会造成乙公司经营资金出现缺口。与此同时，诸多投资人向王博士抛出橄榄枝，王博士觉得自己被甲公司低估了。双方谈判就此陷入僵局，乙公司筹建工作进入了停滞状态。

在谈判陷入僵局后，甲公司创始人积极运作，而王博士在与其他投资人交谈之后，认识到了自己在思考问题时的不周全。双方冷静下来重新探讨沟通，最终起草了新的出资协议如下。

（1）乙公司创设初期专利价值占股不宜过高

在乙公司创设初期，专利价值预估在基础股权中的占比应该在10%左右，不宜过高。因为技术研发、实验以及投入市场仍有较长周期，无法在短期内产生经济效益。而水性材料技术必须依靠资本扶持才能转化为产品，因此在初期架构股权时，应当突出货币资本的重要性，让投资方占据主导地位。

（2）在协议中预留“20%股权池”

这一部分的预留股权池是以动态股权的方式，对王博士持有的技术股，按照技术研发的周期完成情况、研发效果、投入市场的效果，分阶段对技术股从股权池中进行分配，逐步提高技术股所占有的公司股权比例。而王博士可以按照“同股不同权”的原则，对每一股拥有 1.8 倍的分红权。也就是王博士拥有 18%的分红权。

（3）预留股权池逐年释放

甲公司和王博士一同聘请了有资质的专业评估机构，对王博士的专利价值进行了评估，预留股权池逐年释放，直到王博士对乙公司占股 30%为止。

双方对于这样的出资协议十分满意，乙公司顺利注册。

上面案例中提到的乙公司就是最典型的合伙人以“无形资产”形式向公司出资的案例。而乙公司最终的出资协议，也是“无形资产”在实际股权架构中较为合理的占比。

【股权制度设计实操】

“无形资产”出资是一种非常难以量化的出资方式。下面我们来看看“无形资产”出资和其他几种形式的出资方式的实操，以及这些出资方式相应的进入规则。

◎以什么方式出

（1）最常见、最直观的出资方式：现金出资

现金出资是股权合伙人最常见，也是最直观的出资方式。合伙人的现金出资，一方面可以增加公司的现金流，另一方面也表现了合伙人对公司的高度认同。毕竟现金出资不仅意味着合伙人要共享公司的经营成果，也要承担公司的经营风险。

但在小公司实际推行股权合伙人制度时，常常会遇到员工无力负担出资金额的尴尬情况。在实际操作过程中，小公司可以对没钱出资的员工提供担保贷款，而员工也可以本人办理抵押，或者是将员工本人的部分年终奖和项目承包收益转入合伙出资金额。

而对于那些部分出资的合伙人，他们在责任、权利上的划分也应当与足额出资的合伙人有所不同。对于那些在首轮合伙人计划中部分出资的合伙人，小公司可以要求他们在次轮合伙人计划中溢价出资，也可以对这些部分出资的合伙人的合伙份额打折，甚至分红打折。

同时，小公司也应该在合伙协议中约定现金出资合伙人的义务，并且对合伙人的出资期限做出规定。合伙人可以分期缴清出资款项，也可以一次性全部缴清。而未能按照合同规定期限缴清出资的合伙人，违背了合伙人的出资义务，需要对此承担责任。其他按期出资的合伙人，有权利催告未缴清合伙出资款项的合伙人，要求该合伙人在指定时间内缴清出资，并按照合同规定缴纳延交利息。同时，守约的合伙人还有权利要求违约合伙人补偿经济损失。而对于那些始终拒绝履行义务的违约合伙人，经过全体合伙人同意，可以解除违约合伙人的股权合伙关系。

小公司收到合伙人的合伙金应该如何记账呢？

借：现金/银行存款；

贷：其他应付款——合伙金。

（2）最费力的出资方式：实物出资

“实物”出资是最费力的出资方式，实物包括房屋、机器、设备、厂房等固定资产。合伙人进行实物出资时，应该注意以下流程。

①评估作价。

根据《中华人国共和国公司法》规定，对作为出资的实物应当评估作价，核实财产。所以在小公司创始人接收合伙人的实物出资时，应该先对实物进行评估作价，核实实物的产权，对实物价值做出真实评价。

②转移产权。

实物出资的合伙人应该将实物产权在规定的出资日期转移给公司。例如，以厂房等不动产作为实物出资的合伙人，就应该在规定日期到房管部门进行登记，变更厂房产权。

为了避免一些心术不正的合伙人在出资过程中造假，对于那些用房屋出资合伙的合伙人，小公司不仅要看合伙人呈上的房产证和土地证，更应该去当地房管局、国土局查询各种证件原件和电子档案。

而出资实物一旦经过作价，作价的数额就是实物出资的合伙人的出资数额。合伙人应该依据自己的出资数额在全体合伙人的出资总数中所占有的比例，确定自己在合伙人内部分配盈利和分摊亏损的比例。

（3）价值难以量化的出资方式：无形资产出资

无形资产难以量化，而可以用于出资的无形资产是那些可以使公司获得收益的，对公司经营起到重要作用的无形资产。上述案例中王博士发明的专利就是典型的无形资产，而利用无形资产出资需要经过两道程序：一项是无形资产评估，一项是无形资产所有权转移。

①无形资产评估。

无形资产的评估首选一般是“收益法”。收益法的常用指标有收益额、收益期限和折现率。其中收益额是指无形资产直接带来的未来的超额收益，而收益期限是指无形资产具有的实现超额收益能力的时间。

但收益法的评估容易受到主观偏差的影响，所以在涉及无形资产出资的时候，小公司不能被无形资产的出资人牵着鼻子走，而是应该借助外力。小公司可以委托第三方评估机构对无形资产进行价值评估，对无形资产涉及的收入部分进行调查，确保无形资产在评估的收益期限内可以实现评估的价值收益。

②办理财产转移手续。

根据《中华人民共和国公司法》，无形资产出资同样应当办理财产转移手续，需要将无形资产的所有权归属由无形资产的出资人变更为公司。

（4）资本市场最常见的出资方式：换股出资

对于小公司而言，“换股”出资是一种比较少见的合伙出资形式。但在资本市场，换股出资相当常见。换股出资是指合伙人以股票作为资本，将目标公司的股票按照一定比例换成本公司股票的过程。

下面，我们以美的集团换股出资来具体看看其特点。

换股前，上市公司美的电器的第一大股东是美的集团，其所占股比例

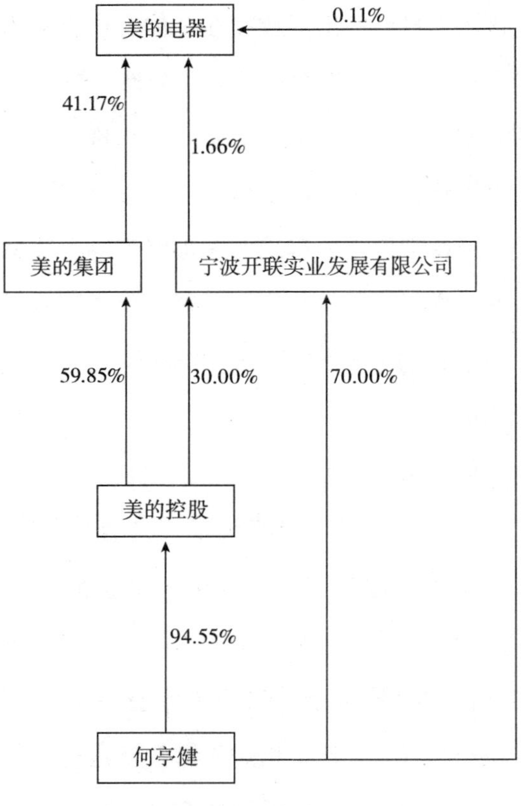

图 4－2　换股前美的电器股权结构

为 41.17%，美的电器的股权结构如图 4－2 所示。在此次换股中，美的集团的换股价为 44.56 元/股，美的电器为 15.36 元/股，换股比例为0.3447∶1。表 4－1 为双方的总股本及持股情况。

表 4－1　换股前美的集团与美的电器的持股情况

美的电器总股本	338435 万股
美的集团总股本	100000 万股
美的集团持有美的电器股权比例	41.17%

换股后，美的集团的股权结构也将发生重大变化，美的集团的股权比例如图 4－3 所示。

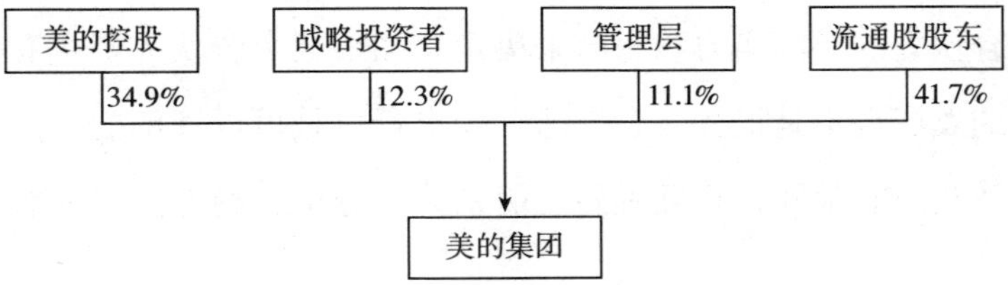

图 4－3　美的集团整体上市后的股权结构

通过美的集团的“换股”出资，可以分析出以下四大特点：

①合伙人不需要支付大量现金，也不会因此挤占出资公司的运营资金。

②目标公司的股东可以将收益时间推迟，利用时间差享受税收优惠。

③对目标公司来说，新增发的股票改变了目标公司原有的股权结构，使得股东权益淡化。而目标公司的原有股东甚至可能因此丧失对公司的控制权。

④上市公司以换股形式出资较为常见。而股票发行需要受到中国证监会的监督，以及证券交易所上市规则的限制。股票发行手续的烦琐和迟缓使得换股出资方的竞购对手有时间阻止竞购，也会使得不愿意被并购的目标公司有时间部署反并购措施。

以上是股权合伙人的4种出资方式，小公司可以根据每种出资方式的特点及公司的实际情况，与合伙人商议出资方式。具体哪一种更为合适，取决于合伙人的价值观和能力，并不一定是出资越多越好，而是要量体裁衣，越合身越好。

出多少

具体来说，小公司创始人与股权合伙人在谈出资额时，要遵循以下两个原则。

（1）每个人的具体出资数额由大家商议决定，遵循自愿原则

每个人的出资数额是不是一定要平均呢？答案是否定的，具体出资多少要根据合伙人的经济实力和意向来决定。如果某个合伙人资金有限，目前对公司的发展也不是很有信心，那么少出资也是可以理解的；如果某个合伙人经济实力非常好，并且对公司前景持十分乐观的态度，他想多出资也可以。

（2）预定一个资金总额，尽量凑齐这个额度

股权合伙人在进入时，小公司创始人要估算一下这次融资需要多少钱，然后根据这个数额找合伙人。至于找几个合伙人，每个人出资多少，怎么出资，都是要考虑的问题。如果筹集到的资金比预定目标多，当然更好，即使没有达到目标，也要尽力凑够这个数额。

4.2

干活规则：如何分工？职责怎么划分

【股权制度设计看点】

股权合伙失败的因素有很多，分工不明，职责不清就是其中之一。在大多数人的传统思维里，既然是合伙关系，那么大家必然是平等的，每个合伙人都是老板，都能说了算。但恰恰就是这个思维，造成了很多小公司的股权合伙人分工不明，职责不清，表面上看起来是谁都说了算，其实谁都做不了主。

小公司想要做大做强，最忌讳权力过于分散，谁都可以插一杠子，但谁都做不了主。长此以往，必然会造成管理混乱，还何谈发展？

所以，无论创始人和合伙人在合伙经营公司以前是怎样的关系，在合伙经营公司之后都应该建立“干活规则”，进行明确的分工，清晰地划分职责。大家互不越界、互相信任，才能避免因分工不清而导致的诸多问题。

试想，如果不建立“干活规则”，大家在同一件事上投入大量精力，不但重复劳动、浪费劳力，更容易忽略一些细节问题。作为公司合伙人，自然要享受一些公司管理层面的权力，但这并不意味着合伙人就应该什么都管。分工合作，各司其职，公司才能运营得更好。

下面案例中提到的这家小公司，在建立“干活规则”上为我们作了一个很好的示范。

【股权制度设计案例】

案例：分工明确，各司其职，DR公司稳步发展

重庆有一家游戏公司DR，公司内部有3位股权合伙人，他们的分工和责任划分如图4-4所示。

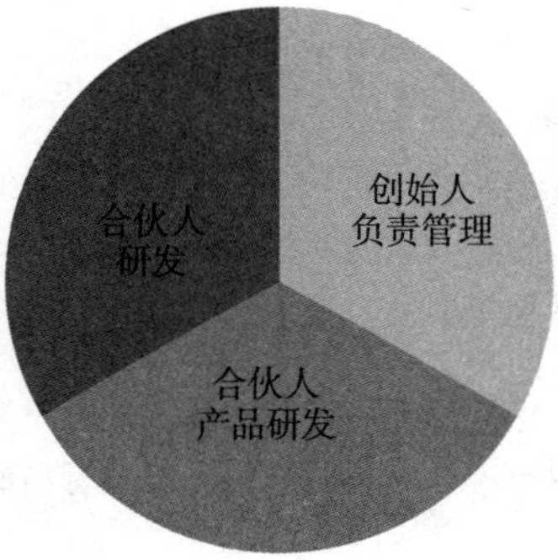

图4-4　DR游戏公司合伙人之间的分工

在DR公司创立初期，3位合伙人就协商好了各自的职责，同时为了确保大家都能按照规定履行各自的职责，他们设立了完善的奖惩制度。公司的奖惩以一年为考核周期，在这个考核周期之内，如果其中的一个人出现了导致公司受损的工作失误，这名合伙人就要承担相应的赔偿责任。

经过明确的分工和责任划分后，DR公司的合伙人各司其职，从而避免了因权责不清导致的合伙人之间互相制约的问题。DR公司就这样稳定发展，在中国游戏市场站稳了脚跟。

【股权制度设计实操】

DR公司的成功与他们的“干活规则”密不可分，在小公司的经营过

程中，每个合伙人都应当遵守公司创立时制定的“干活规则”。只有通过这样的规则来约束每个合伙人，公司才能做到人尽其职、才尽其用。那么，在制定“干活规则”的时候，具体又应该如何操作呢？

◎合伙人之间要如何分工

事实上，关于合伙人之间如何分工，并没有一个“放之四海而皆准”的标准，因为每家小公司的情况不同，每个合伙人擅长的也不同。具体的分工，创始人可以根据具体情况来制定。但总体来说，小公司创始人在明确分工时，可以遵循以下3大原则。

（1）人适其岗

每个人的工作能力各不相同，这就需要创始人对合伙人进行充分的了解，因才配岗。只有让能力与岗位相称，才能避免小材大用、大材小用，这样才能岗得其人、人适其岗。

（2）人尽其才

每个人擅长的领域各不相同，小公司创始人应该让合伙人做自己擅长的事情，才能挖掘出他的潜力，发挥他的才能，为公司创造价值。同样，小公司在寻找合伙人时，可以根据自己的短板来找，自己缺什么，就找那个领域最擅长的人做合伙人。

（3）分工均衡

小公司创始人在对合伙人进行任务分工时，要做到一碗水端平。如果只是想着能者多劳，而让部分合伙人忙前忙后，其他合伙人游手好闲，长此以往，一定会积怨，从而影响公司的发展。

◎合伙人之间的职责如何划分

合伙人在享受股权合伙带来的权力的同时，必须要承担相应的责任。因此，在运营中一旦出现问题，合伙人应该勇于承担责任、直面问题，而不应该互相推诿。为了防止推诿责任的情况出现，小公司在合伙初期，可以在“干活规则”中明确各个合伙人应该承担的责任。对于合伙人之间的责任如何划分，与分工一样，没有标准的答案，这里提供几个可供小公司创始人参考的划分方案。

（1）应该自己承担的责任就必须承担

首先，小公司创始人应该以身作则，不能回避自己应当承担的责任。然后细化到每个合伙人，他们又该承担哪些责任呢？这个问题，笔者觉得应该根据每个合伙人负责的岗位和事务而定。例如，负责营销岗位的合伙人，就应该对市场营销和拓展方面出现的问题负责；而负责研发团队的合伙人，就应当在研发出现问题时承担责任。

（2）对于不属于自己责任范围内的责任，不要越俎代庖

汉文帝时，陈平任左丞相。有一次，汉文帝问他：“全国每年收粮多少？”

陈平答道：“这要问治粮内史。”

汉文帝又问：“全国每年案件有多少？”

陈平答道：“这个要问廷尉。”

汉文帝接着问：“那你做丞相的管什么？”

陈平回答：“丞相管百官。”

故事中的陈平是个聪明人，聪明在他知道自己的职责是什么。他清楚自己不该去管那些不在自己责任范围内的事情。而小公司股权合伙制发展也是一样的道理，合伙人应该专注于自己的工作职责，不去过问他人的工作，在不同岗位合作过程中合伙人可以适当地帮助其他合伙人分担责任，但绝不能越俎代庖。

4.3

管理规则：公司管理谁说了算？遇到大事谁来拍板

【股权制度设计看点】

窥一斑而知全豹，通过众多合伙失败的案例，可以看出很多股权合伙型小公司之所以失败，一个很重要的原因就是股权合伙人违背了合伙规则之一——管理规则。

俗话说：一山不容二虎。合伙经营的小公司也是如此。如果公司没有最终拍板的人，合伙人谁都可以说了算，那员工到底该听谁的呢？

尤其是在合伙之初，大多创始人会为了保证公平而均分股权。殊不知，均分股权恰恰是导致小公司群龙无首的罪魁祸首。大家均分股权，那么出了问题谁来拍板？谁说了算？这都是问题。即便公司并非平分股权，也很难解决公司谁说了算的问题。能够下定决心参与创建公司的人大多不是泛泛之辈，如果不在公司创立初期就明确谁来做这个“带头大哥”，公司越是发展壮大，合伙人之间就越容易产生矛盾。

万通“六君子”散伙事件就是最典型的因为合伙人各自意见相左，没有人能最终拍板定决策，从而导致团队解体的案例。事实上，万通“六君子”间并没有利益冲突。导致他们最终散伙的根本原因是：6 位天之骄子都有着自己独立而成熟的想法，他们各自坚持自己的理念，很难放弃自己的观点，同时也很难说服其他合伙人接受自己的观点。长此以往，每个合伙人都自说自话，矛盾也就越发地根深蒂固。

事实上，除了万通，在商业史上，这种因为没有最终“拍板”的人，而导致满盘皆输的公司不在少数。

【股权制度设计案例】

案例：出资多的人说了算，还是掌握技术的人说了算?

2016 年，王杰在一份科技期刊上看到了某大学教授的一篇论文。这篇论文中提到了该教授研发的一种新型材料，王杰从这种新型材料中看到了商机。他当机立断，联系了那位大学教授，表达了自己希望与该教授合伙开办一家科技型公司的意愿。

教授接受了王杰提出的条件，同意与王杰一同创办公司开发这种新型材料。两人口头约定，王杰负责出资，而教授负责技术方面的事务。经过协商和设计股权架构，王杰以 600 万元的注册资金拿到了两人合伙创办公司 80% 的股权。

然而，公司正式投入运营之后，王杰与教授的摩擦和争吵就从未休止过。

王杰认为自己是公司最大的投资人，应该掌握公司的绝对话语权，因而在公司管理中对人事、财务等做出了诸多限制。而教授则认为，公司的核心科学成果全靠自己的团队进行研发。王杰虽然在公司注册时出资较多，但对公司做出的贡献却没有自己大。

不仅如此，王杰还会在许多问题上干预教授的团队，使得教授在研发过程中束手束脚，难以发挥。最终，在公司的研究开发即将完成的时候，教授带着自己的团队悄然离开了公司。王杰这才意识到问题的严重，然而他和教授的关系已经无可挽回。

导致他们最终“散伙”的导火索便是资金的分配。王杰觉得，技术研发即将取得成功，此时关键的事情是着手后续的推广工作，所以应该把创业资金和工作重心逐渐转移到后续推广上；但教授却觉得实验已经到了关键阶段，理应加大资金的投入。就这样，两个人谁也说服不了谁，随着矛盾的逐渐加深，合伙也难以为继。

由于意见始终无法统一，教授在最后关头带着团队离开了公司，而王杰为这家公司投入的资金也全打了水漂，只靠着转卖厂房勉强收回了一点资金。如果王杰能在公司创办之初就和教授约定好谁来做公司的“拍板人”，这样技术研发就能顺利进行，他本可以拥有这项技术 80% 的收益，而最终的结果却是竹篮打水一场空，满盘皆输的结局实在令人唏嘘。

【股权制度设计实操】

公司决策权问题看上去只是小小的管理纠纷，实际上却是公司股权合伙人之间最主要的矛盾。一旦决策权问题处理不当，就有可能像王杰一样满盘皆输。而对于没有明确管理架构的小公司来说，这个问题尤为重要。所以，小公司在创立初期就应当明确一个核心领导人，不要等到公司步入正轨之后才发现群龙无首。

每家公司状况不同，管理原则也各不相同。但“万变不离其宗”，有一项管理学铁律是不会变的，那就是：最终拍板的人只能有一个。

那么，在各家公司实际操作过程中，具体又应该由谁来拍板呢？下面提供一些思路，可供小公司创始人参考。

◎企业管理谁说了算

（1）谁出的钱多，谁说了算

这是一个看起来有点“势力”，但却最适用的方法。几个人合伙，在合伙之初，还没有涉及贡献问题，这时“谁出的钱多，谁说了算”就是一种最直接、最能说服彼此的方法。

（2）谁占的股权比例大，谁说了算

如果小公司在后期，根据出资比例和贡献，科学地分配股权，那么可以按照谁占的股权比例大，就谁说了算。

（3）选举一个具有绝对话语权的核心人物

除此之外，合伙人还可以选举一个具有绝对话语权的核心人物来作为最后的“拍板”之人。

一家公司最忌讳的就是同时有好几个具有同级别决策权的大领导，一旦这些领导出现矛盾，彼此之间各不相让，公司就容易失去前进的方向。因此，在小公司创立初期，一定要确定一个大家都能够认可的，有绝对话语权的核心人物。在合伙人之间产生矛盾和分歧的时候，这个“领头羊”可以最终“拍板”决定公司前进的方向。

电影《中国合伙人》中，“新梦想”获得上市机会的关头，王阳和孟晓骏以及所有“新梦想”股东都坚持要求“新梦想”上市，而成冬青却利用个人权力，强势否定了所有人的意见。成冬青一句“今天我还就独裁了”，决定了“新梦想”暂不上市，确定了公司的发展方向。

◎企业遇到大事谁来“拍板”

（1）分析利弊，做出科学合理的判断

古人有云：两利相权取其重，两害相权取其轻。我们首先应该明确的一点就是，无论合伙人的理念发生了怎样的分歧，大家的本意肯定都是为了公司好。因此这种分歧往往没有孰对孰错之分，只有孰优孰劣之别。这时候我们就要通过理性而科学的分析来判断，谁的想法和理念能为公司带来更大的利益。

当合伙人之间产生分歧甚至出现矛盾的时候，大家不妨都冷静下来。抛开个人主观情感与臆测，用科学的统计方法和评估系统来客观判定各自的观点。无论是 SWOT 分析还是市场调研，抑或是 5W2H 分析法，甚至是企业独有的调查分析方法都可以作为我们权衡利弊得失、得出科学结论的有效手段和工具。

（2）求同存异，模糊处理

在合伙经营公司的过程中，合伙人不可能永远保持观点一致，必然会存在或大或小的理念差异。因此我们也可以求同存异，找到大家理念中相同的部分，在实际讨论过程中规避会导致矛盾、分歧的部分，而力求在共同点上保持一致。通过这样的方式缓解矛盾与冲突，做到“退一步，海阔天空”，才能让合作稳定地持续下去。

为了防止矛盾激化，那些在公司经营中无关紧要的细节也可以进行模糊处理。模糊处理并不是说我们要逃避现实，对矛盾放置不管，而是希望能够在双方都冷静的情况下寻找解决矛盾的绝佳机会，使矛盾可以在和谐的气氛中顺利化解。

求同存异是解决合伙人之间矛盾而不影响公司正常运行的一个比较好的选择。在大事面前讲原则，小事面前讲风格，这是合伙经营的必备法则。

4.4

利益规则：如何分钱？如何分配利益

【股权制度设计看点】

俗话说：谈钱伤感情，谈感情伤钱。似乎利益和感情总处在对立面，这也是为什么许多小公司最后因为分钱，合伙人不欢而散的原因。但毕竟利益分配是合伙人之间绕不开的话题，为了日后好算账，除了要有一个合理的股权架构之外，小公司创始人也不得不想清楚究竟如何分钱，如何分配利益。

一般来说，股权合伙人之间的钱和利益的分配是不尽相同的。除了初始的出资、技术投放，合伙人的资历、拥有资源的能力、对产品的洞察能力、合伙人的领导能力等，都是影响分钱、分利益的因素。

关于如何分钱、分利益，《吕氏春秋》中所记载的管仲与鲍叔牙在合伙做生意时，两人“分金桥”的分钱过程，一直被后人津津乐道，堪称“分钱之鼻祖”。把他们分钱的关键点运用到如今的股权合伙中来，笔者认为，小公司在分钱、分利益的公平性上要考虑以下三大因素，如图 4 – 5 所示。

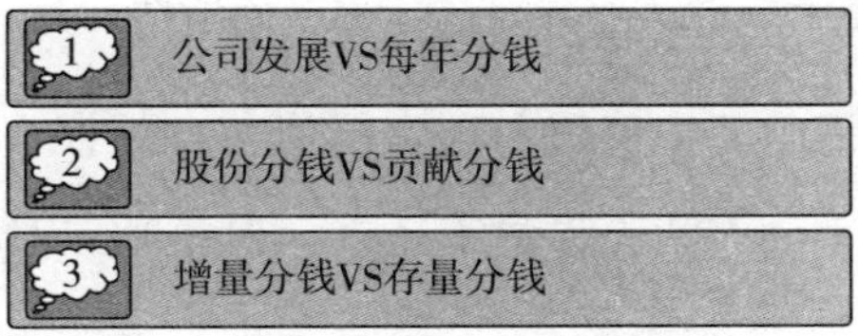

图 4－5　关于钱和利益分配的三大因素

（1）小公司需要避开未来发展与每年分钱之间的矛盾

通常情况下，大股东更看重公司未来的发展，倾向于谋求长远利益，但是小股东则希望每年都能分到尽可能多的红利。因此，小公司是把分钱当成“老婆”不让他人碰，还是当成“女儿”备个大彩礼做嫁妆呢？

例如，上市公司金杯汽车 24 年都没有分过红，被评为史上“最铁公鸡”的公司；而贵州茅台和云南白药，每年都会给合伙人分红，被称为史上“最慷慨”的公司。

如果“蛋糕”够大，则既能让每位小股东心满意足，又能留出足够的资金使公司走上可持续发展的道路，那么谁都愿意分钱。但“蛋糕”能否做大，决定因素太多，也不是我们本节要讨论的重点。下面我们先来分析一下“蛋糕”的组成——可供分的钱，从哪儿来？主要有三部分，如图 4－6 所示。

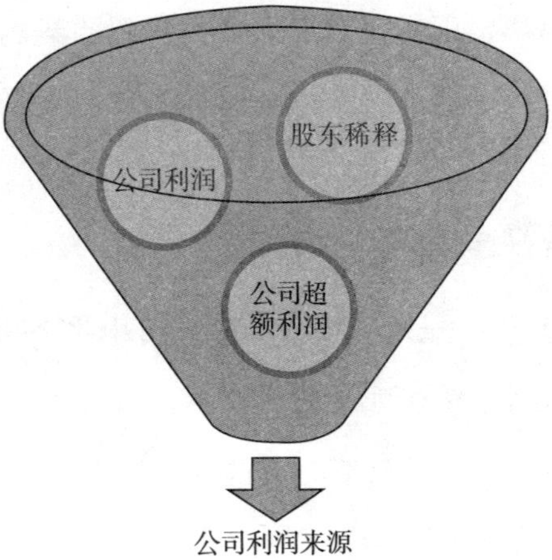

图 4－6　公司利润构成

（2）小公司需要在股份分钱和贡献分钱中间找到平衡

创始人要弄清楚资本价值和人力价值各自的权重，仅凭股份分钱，贡献较大但股份较少的合伙人肯定不乐意。股份和贡献两者应该兼顾，找出一个平衡点。例如，在电视剧《乔家大院》中，“银股”按股份分钱，“身股”按贡献分钱。

（3）小公司应该平衡存量分钱和增量分钱的关系

所谓存量分钱，就是按净利润来分；而增量分钱，则是按超额利润来分。显然，为了保证小公司后续的发展，增量分钱比存量分钱更保险。正如电影《甲方乙方》中的经典台词“地主家也没有余粮了”，此时企业是在做“除法”。而分钱的前提是要有“余粮”，即有钱可分。

赚钱难，分钱更难。分钱是一门艺术，对创始人的智慧、胸怀以及格局都是极大的考验。古人云：“圣人之道，为而不争。”如果小公司的每个合伙人都能如圣人一般，为而不争，那公司做强做大指日可待。当然，我们这样去要求合伙人，显然是不现实的。

小公司在进行利益分配前，应该建立“利益规则”，在分配过程中，要兼顾公司发展，尽量公平公正，使每位合伙人心悦诚服。不过说起来容易，做起来却并非易事，正如我们接下来要提到的案例，即便是俞敏洪这样的大佬，也曾在公司利益分配中“崴过脚”。

【股权制度设计案例】

案例：没有制定分配规则，俞敏洪被小股东联手“瓜分”

新东方最初的股权合伙制就是包产到户，俞敏洪把新东方分成几个板块，如王强负责口语，徐小平负责出国咨询，俞敏洪负责考试，大家各拿各的钱，这是比较原始的合伙制。

但是后来股份制结构导致各方面的要求更加严格，于是问题就出现了。除了 3 位创始人，还有很多核心元老级人物也要股份，于是新东方划分了 11 位原始股东。

在分股之前，新东方 100% 的股份都由俞敏洪所有。分股时，新东方的净资产有 1 个亿。俞敏洪认为，如果小股东想要股份，就应该给钱，如想要 5%，就要出 500 万元。但俞敏洪的想法遭到了小股东的联合反击：股份要，钱没有，如果不给股份就集体走人。于是俞敏洪只能白手送股。

解决了老问题，又出了新问题。新东方要上市，于是利润都要放在上市上，原本一年可以拿回家 200 万元，现在缩水成 50 万元，大家又不满意了。俞敏洪说：“如果你们觉得股份不值钱了，可以还给我。”股东们不同意，表示若想收回股份，必须用钱买。当俞敏洪与大家商议好怎么回收股份时，大家又都说不卖了。

小公司在分配利益时，总会发生许多匪夷所思的事情，为了防止这些问题的发生，必须要事先制定好“利益规则”。

【股权制度设计实操】

通过新东方的案例，我们了解到，小公司合伙人在决定合伙时，必须在分钱、利益分配问题上做好书面约定，以免日后产生不必要的纠纷。

既然分钱、利益分配这么重要，在实务中该如何落地操作呢？

◎小公司分钱的三种模式

小公司合伙人在分钱时，可以参照以下三种模式，如图 4－7 所示。

（1）兜底分钱

这种模式是指公司承诺无论效益如何，都会按约定的比例分钱。如果公司经营不错有增量，那么皆大欢喜，但是如果公司效益一般只有存量，又该如何来分呢？

比如一家公司，实行兜底分钱，大股东承诺业绩差额的 5% 用于兜底

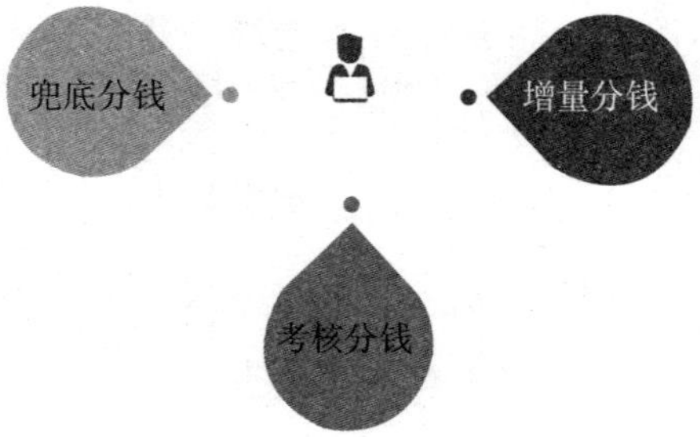

图4-7　小公司分钱的三种模式

分红。这一年公司实际完成净利润1500万元，业绩没有达标，还差500万元，无法分红。但是按照兜底分红的承诺，大股东得自己垫资25万元（500×5%）用来分红。

虽然《中华人民共和国公司法》规定，股东应按照股权比例分取红利，但是现实中，也不乏有些大股东不愿意分红，小公司合伙人又应该怎样规避这种情况呢？

我们在此建议，制定协议的时候增加“强制分红”条款，规定公司每年必须按照约定分红。这也就相当于是保证了每位投资人的保底收益。

在公司没有增量的情况下，采用兜底分红，往往会牺牲大股东的利益，这种做法只能算作权宜之计，不能长久。因此，为了有钱可分，最根本的办法，还是要改善经营，让公司赚钱。

（2）增量分钱

关于增量分钱，我们结合下面的案例来进行说明。

某公司为了激励业务员提高业绩，将业务员纳为合伙人，参与销售增量的分钱，采取增量累进提成法。具体方案如表4-1所示。

表 4-2　增量分钱方案

毛利率	业务员	
	销售量	提成
10%	0 万～10 万（包括 10 万）	4%
	10 万～20 万（不包括 10 万，包括 20 万）	6%
	20 万～50 万（不包括 20 万，包括 50 万）	8%
	50 万以上（不包括 50 万）	10%

测算：当毛利率为 10%、销售量为 60 万元时，A 业务员提成（分钱）=10 万元×10%×4%+10 万元×10%×6%+40 万元×10%×8%+10 万元×10%×10%=2800 元。

（3）考核分钱

考核分钱注重合伙人在公司经营中所创造的价值，通常赏罚分明，能较好地调动大家的积极性。例如，某公司采取如图 4-8 所示的方案。

考核得分	60分以下	61~70分	71~80分	81~90分	91~100分
分钱系数	0.5	0.8	0.9	1.0	1.2

图 4-8　考核得分对应的分钱系数

根据该公司的规定，假如今年超额利润为 100 万元，合伙人分红比例为 20%，即分得 20 万元，其中某位合伙人出资比例为 5%，今年绩效考核为 90 分，那么我们可以计算出他应得的分红：20 万元×5%×1.0=1 万元。

如果某合伙人绩效考核得分为 60 分时，那么他的分红：20 万元×5%×0.5=0.5 万元。

在上述案例中，最低分红也就是 0.5 万元，也可能有合伙人考核非常低，不够 60 分，但还是享有了最低的分红标准，这与发放奖金是有本质区别的，因为分红权不能被取消，否则会带来合伙人之间的纠纷。所以，案例中考核不合格的情况下，也只是分红减半。

上述三种分钱模式，小公司可以作为参考，与合伙人商定，选择适合自己公司的方案。

接下来，我们继续来谈小公司在进行利益分配时，应该遵循的三大原则。

◎小公司利益分配的三大原则

（1）分配利益时，要考虑新加入的合伙人

根据如今的股权合伙制发展状况来看，小公司想要实现可持续发展，只依靠原始合伙人是不行的。随着公司的发展，必须不断引入新的合伙人，才能把死水搅活。因此，小公司必须明白，要拿出部分股权留给后来人，这就是预留期权池。

（2）明确规定分红时间

在确定分工规则时，分红时间也是不可忽略的问题。通常，大部分小公司会把分红时间定在年底。当然，根据行业性质，分红时间也可以调整。例如，经营旺季过后，可以计算一下公司盈利，预留出下一阶段的活动资金，然后把剩下的钱按股份分给股东。至于具体的时间一定要事先约定好，写在协议里，以免个别合伙人以着急用钱为由要求提前分红，产生团队矛盾。

（3）要按照出资比例和做出的贡献分配利益

分工要公平是基础，很多小公司觉得按照出资比例分红是最公平的，其实不然。在前面的章节中也提到，有部分合伙人出资多，但是贡献少，有的合伙人出资少，但却做了很多贡献。如果还按照出资比例分配，就很不公平了。

因此，小公司在分配利益时不仅要考虑出资比例，还要考虑合伙人做出的贡献。小公司也可以这样做，把分红总额的50%按照投资比例进行分红，剩下的50%按照贡献大小进行分红。

4.5

罢免规则：谁应该出局？如何将不给力的合伙人“踢出局”

【股权制度设计看点】

网络上常说，不怕神一样的对手，就怕猪一样的队友。对于创始人来说，最不想看到的一种局面就是：当你累得像“狗”一样的时候，合伙人却优哉游哉地看着风景喝着茶，或者合伙人管理决策出现了很大问题，导致公司出现了严重的损失……如果遇到这样的情况，你应该怎么办呢？

西少爷的创始人之一宋鑫被“开除”，原因很复杂，但是其中一个很关键的因素就是另外一个创始人孟兵对宋鑫消极的工作态度很不满，觉得他不给力。

作为合伙人，我们都希望大家齐心协力把公司做大做强，但人是最不可控因素，这就导致在合伙过程中，会出现合伙人懒散不作为，管理决策错误等问题。一般情况下，能够通过协商或提醒解决的问题，则可以坐下来好好谈谈。

但如果合伙人的行为已经严重到影响公司的健康发展，那么，将不合适的人“踢出局”，也许是彻底解决问题的唯一办法。

那么，谁应该出局？又该如何将不给力的人踢出局呢？我们先来看看，当年扎克伯格是怎么做的。

【股权制度设计案例】

案例：与合伙人理念不合，扎克伯格稀释股权踢合伙人出局

扎克伯格和萨维林、莫斯科维茨合伙创立了Facebook，网站运营了一年，效果非常好，于是3人决定在佛罗里达州成立一家公司。随后扎克伯格和莫斯科维茨去加州运营网站，而萨维林则去了雷曼兄弟实习。

但是后来发生了两件事，让扎克伯格不得不把萨维林踢出局。

首先，萨维林在Facebook上给自己的求职网站免费打广告，扎克伯格觉得萨维林是在向自己示威，准备另起炉灶。

其次，扎克伯格计划重新成立一家公司，收购原来佛罗里达州的Facebook，但萨维林不同意。

两人的矛盾越来越尖锐，扎克伯格为了成功把萨维林请走，又想把对公司的伤害降到最低，他做了三件事，如图4－9所示。

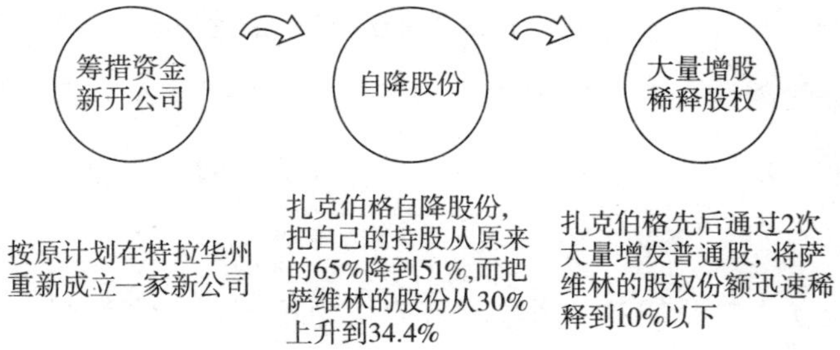

图4－9　扎克伯格“踢人”三步走

至此，扎克伯格成功将萨维林“踢出局”。

【股权制度设计实操】

要想把不合适的合伙人踢出局，在合伙之初就应该建立“罢免规则”，

详细说明出现什么情况后的处理方法。对于“罢免规则”到底要如何建立，小公司可以参考以下方法。

◎谁应该出局

当合伙人之间出现问题，无法调和时，要当机立断，越早“分手”越能减少损失。既然要“分手”，那么首先要考虑的问题就是——矛盾双方，谁出局？

要弄清楚这个问题很简单，不妨先分析以下几个问题。

①谁是公司运营的关键人物？

②每个合伙人各占多少股权，谁退出损失最小？

③哪个合伙人更能获得投资人或者董事会的支持？

不排除在有些小公司里，各个合伙人势均力敌，而且每个人都不愿意退出，那么这时就需要以大局为重，友好协商，也可以征求投资人的意见。

一旦决定谁去谁留，接下来需要考虑的就是怎么让不给力的那个人出局，避免纠纷，减少损失。

◎如何把不给力的合伙人踢出局

要解决如何把不给力的合伙人“踢出局”的问题，可以尝试以下几种方法。

（1）把重要的合伙人变成企业顾问，减少股份

如果这位合伙人对公司的发展非常重要，在公司扮演着举足轻重的角色，小公司创始人就可以把这类合伙人变成公司顾问。同时，在一定的期限内收购他的股份，让他手中的股份只占少数。

（2）获得其他合伙人的支持

找到其余合伙人，争取在踢人出局的问题上说服他们达成一致，并让他们支持自己。

（3）直接与合伙人沟通补偿事宜

作为小公司的创始人，当你决定把不合适的合伙人“踢出局”时，可以直接与他沟通。把你的想法告诉对方，并了解对方的想法。然后按照他的投资比例和对公司的贡献对他进行经济补偿。在做经济补偿时，还应该考虑公司目前的现金流能力。

（4）与律师沟通

如果这名合伙人拒绝沟通，则小公司创始人可以和律师联系，寻求法律帮助，并准备相关的法律文件。

（5）在原始股份协议中做出相关约定

为了防止合伙人做出影响公司利益的事情，小公司创始人应当在原始股份协议中做出相关规定，如果合伙人出现违规违法行为，则公司不需要做出任何赔偿，合伙人直接“净身出户”。

大自然的规律就是“物竞天择，适者生存”，这个法则也适用于小公司。当某个合伙人已经不再适合公司发展时，那么他的离开对彼此都是一件好事。“踢”合伙人出局，会影响合伙团队的稳定性，也会对公司的发展造成一定的负面影响。因此，小公司在决定“开除”某个合伙人的时候，一定要深思熟虑，提前做好准备，用适当的方式解决，把伤害降到最低。与此同时，还要做好其他合伙人的安抚工作，稳定其他合伙人的情绪，让他们继续支持、相信公司。

4.6

退出规则：谈不谈散伙？怎么谈散伙

【股权制度设计看点】

俗话说，“天下没有不散的筵席”。合伙创业也是一样。在企业发展过程中，总会有这样或那样的事情发生，合伙人退出也是一个必然存在的现象。为了使企业继续稳定地发展，不因合伙人的离开而陷入困局，未雨绸缪总是好的。

在笔者辅助的小公司里，有一个名叫 CL 的公司。该公司有 5 个合伙人，当公司发展了 5 年后，有 2 个合伙人因为有更好的机会提出要退出合伙。于是，对于这两个合伙人持有公司的共计 20% 的股权该如何处理，成为了大家争论的焦点。

两个离职的合伙人说，从公司成立到现在的初具规模，我们既出钱又出力，所以现在我们要继续享受股东利益，不退股。但其他 3 位合伙人说，我们还要继续把企业发展壮大，你们来打个“酱油”就跑了，还想不退股继续拿分红，这对我们这些继续在公司出力的合伙人不公平。双方谁也不肯让步，双方的矛盾如图 4 – 10 所示。

事实上，这绝非个例。在笔者辅助过的近 100 家小公司里，有至少 80% 的创始人表明，不愿意在公司发展初期和自己的合伙人谈论股权退出

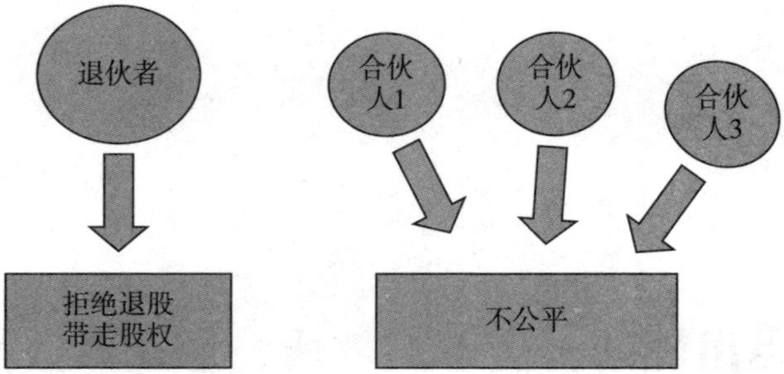

图 4－10　CL 公司合伙人退伙股权矛盾示意

机制的问题，因为在他们的潜意识里，还没有开始创业就想到以后要散伙，太不吉利。其实，设计合伙人股权退出机制，不仅保障了留在公司的合伙人的利益，还保证了公司的稳步发展，而且对退出的合伙人的权益也提供了保障，这是一举多得的好事。

如果没有合伙人退出机制对合伙人的股权做一个详细的规定，那么，一方面，合伙人带走股权会对公司利益和其他合伙人的利益造成损害；另一方面，也有可能导致合伙人辛苦工作若干年，却落得净身出户的结局。这是所有小公司的创始人都不希望看到的局面。

所以，小公司在合伙之初就要制定有效的股权退出机制，避免合伙人在退出之际，因为股权问题产生矛盾，即使不可避免地出现问题也能够“有法可依”妥善地解决。

一般来说，合伙人退出一般分为两种情况：第一是自然退伙，第二是法定协议退伙，如图 4－11 所示。

（1）自然退伙

自然退伙往往有 2 种方式：协议退伙和通知退伙。

协议退伙是指按照约定的合伙期限退伙。协议退伙需要符合几个条件：符合合伙协议约定；经全体合伙人一致同意；发生合伙人无法继续参加合伙的事由。

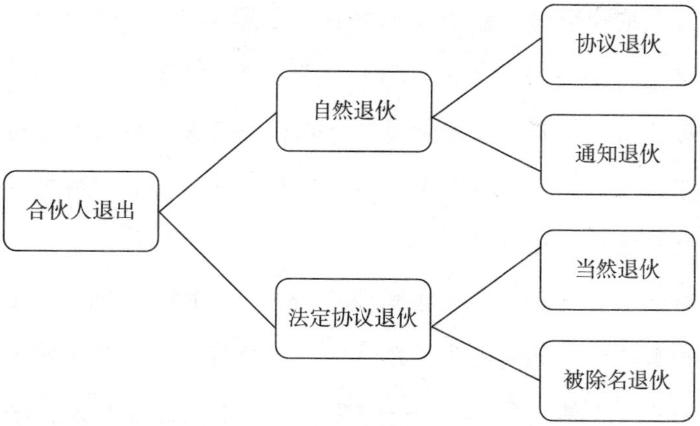

图 4－11　合伙人退出的分类

另一种方式是通知退伙。这种退伙方式往往是指合伙人没有按照约定的合伙期限退伙，且没有给合伙制企业事务造成不利影响，还要提前一个月（或其他期限）通知其他合伙人。

（2）法定协议退伙

法定协议退伙也有 2 种情况：当然退伙和被除名退伙。

当然退伙一般是这样的：合伙人发生意外或者死亡；合伙人丧失偿债能力；合伙制企业被吊销营业执照，或者宣告破产等；合伙人在合伙制企业中的财产份额被强制执行等。

被除名退伙通常是指经过所有合伙人一致同意之后除名。这种退伙方式往往是因为合伙人没有履行应尽的出资责任和义务；合伙人给企业造成重大损失；合伙人有不正当的行为等。

【股权制度设计案例】

案例：土豆网上市卡壳，竟是无退出机制惹的祸

2007 年 8 月，王微与杨蕾结婚。结婚仅 1 年，王微向杨蕾提出离婚。然而，在王微与杨蕾的婚姻存续期间，王微所创立的土豆网成立了全土豆

公司，用来获取在中国运营视频业务中所必需的牌照。在公司里，王微占股95%，而在这部分股份中，有76%涉及夫妻共有财产的问题。

当王微提出离婚后，杨蕾对法庭提起诉讼请求，要求对王微的股份予以权利主张，冻结了王微名下3家公司的股权，包括其所持有的上海全土豆网络科技有限公司95%的股份。

而当时的土豆网正处于发展的黄金阶段——IPO上市，由于法庭对王微的股权进行冻结，导致土豆网在缺少资金的情况下，只好将上市计划暂时搁置。而土豆网的竞争对手——优酷网却先于土豆网驶上了高速路。

通过土豆网的案例，我们看到：由于夫妻离婚引起合伙人股权的变动，影响了企业的正常运营，让企业失去了黄金发展阶段，这也是王微与杨蕾的婚姻被称为“最贵离婚案”的原因所在。所以，即使企业的合伙人是夫妻，在进入之初，也要设计合理的退出机制。毕竟，谁也不想像土豆网一样被竞争对手超越，让企业遭遇“滑铁卢”。

【股权制度设计实操】

小公司创始人应该如何设计合伙人的股权退出机制呢？不同的公司有不同的情况，这里“没有放之四海而皆准”的方法，不过以下五大原则可供小公司创始人在设计合伙人股权退出机制时参考。

◎提前设定退出机制

在合伙人进入之初，创始人就应该做好退出机制的安排，与合伙人约定好在什么时候合伙人可以退出，以及退出之后股权该怎么分配等。例如，当合伙人要退伙时，小公司要在承认合伙人为公司做出贡献的基础上，按照一定价格回购股权。这是一个基本原则，不仅关系到合伙人退伙顺利与否，更关系到一家公司的长久稳定发展。

合伙人散伙大致分为三个阶段，在不同阶段可以约定不同的分配规则。

（1）公司成立一年内

通常情况下，如果合伙人在公司成立一年内要求散伙，那么无论公司是否有盈利，都可以按原始投入退回资金。

（2）公司成立一年后，尚未盈利

以账面净资产作为公司价值计算退出资金。这里的账面净资产是指账面有形净资产，不包括无形资产。

（3）公司成立一年后，已有盈利

小公司可以按照账面净资产的倍数作为公司价值计算退出资金。这里的倍数要根据公司的盈利能力来确定，或者找专业人士评估，也可以根据公司的发展适当调整。

如果合伙人能够提前制定好散伙后如何分配财产的准则，那么无论谁离开，公司都不会因此陷入财产纷争的困扰之中。

◎股权应该分期成熟

股权成熟有四种模式，如图 4 – 12 所示。

◎合伙人中途退出，股权溢价回购

对于中途主动退出的合伙人，小公司在回购股权时，要特别注意如何确定具体的回购价格。小公司创始人可以从两个方面考虑：

①按照合伙人退出时的价格基数。

②按照溢价或者折价倍数。

◎设定高额违约金条款

为了防止合伙人退出公司时，不同意公司回购股权，可以在设计股权退出机制的时候，在协议中设定高额的违约金条款。

◎针对不同的退伙类别，进行不同的退出机制设计

除了以上四大基本原则，小公司还需针对不同的退伙类别，进行不同

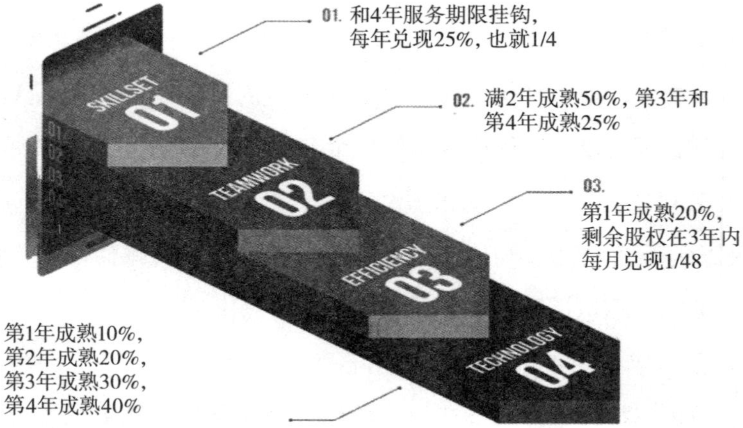

图 4－12　股权成熟的四种模式

的退出机制设计。下面针对几种常见的情况，来看看小公司在合伙人退出机制上是如何做约定的。

（1）持股合伙人离婚

社会离婚率偏高的现实，也是小公司在设计合伙人股权退出机制时需要考虑的问题。根据《中华人民共和国婚姻法》的解释：夫妻关系存续期间，如果没有特殊约定，股权被视为夫妻共同财产。这样，如果某位合伙人离婚，那么，他所持有的股权将被视为夫妻共同财产进行分割。这样做很容易因为夫妻离婚后财产的分割，给合伙人的公司带来股权上的变动，从而影响公司的发展。

所以，在设计合伙人股权退出机制时，小公司可做一些相关约定，即要求合伙人与现有或未来配偶约定股权为合伙人一方个人财产，或约定如果合伙人离婚，其配偶可以得到经济利益，但不具有主张公司事务的任何权利。

（2）持股合伙人犯罪

如果合伙人中有一人犯罪，被追究刑事责任，其不能或不适合再继续参与公司管理，则应强制其退出，他的未成熟股权由其他合伙人溢价或折价回购。

（3）持股合伙人去世

从法律上讲，股权属于遗产范畴。《中华人民共和国公司法》也规定，当股权成为遗产后，继承人有权继承股东资格和股权财产。为了避免因股东资格的继承给企业带来不便和隐患，可以提前通过公司章程约定。一旦有一方合伙人去世，他的继承人只能继承股权财产，而不能继承股东权利。

第5章

矛盾机制：

找到不靠谱的合伙人后如何补救

合伙创立公司就一定会遇到矛盾。有很多合伙公司最终都因矛盾无法调和，而走向散伙的结局。事实上，矛盾本身并不可怕，可怕的是不知道用什么方法来处理。因此，建立矛盾机制，掌握处理合伙人之间矛盾的技巧，对于小公司的正常运营尤为迫切。

5.1

合伙人只出技术不出钱，怎么办

【股权制度设计看点】

技术是公司的核心竞争力，没有技术支撑，公司的发展也就无从谈起。所以，一个技术合伙人几乎是每一个小公司创始人朝思暮想的合伙搭档。毕竟，拥有了技术合伙人，就等于拥有了“尚方宝剑”，能够在激烈的市场竞争中以技术取胜。

但现实是残酷的，技术合伙人往往会因为自己有技术而居功自恃，不愿出钱。这样的条件，即使是再怜惜人才的创始人恐怕也难以接受吧。

那么，对于小公司创始人来说，既想拥有技术合伙人，而对方只出技术不出钱，应该怎么办呢？有没有一种两全其美的方法呢？

在研究具体的方法对策之前，先给大家介绍一下什么是技术入股？技术入股主要有两种形式，如图 5－1 所示。

（1）研究开发中的技术入股

技术合伙人以其智力和研究、开发项目作为股份向小公司进行技术投资，联合研制、开发新产品，共同承担风险，分享效益，这种技术入股叫作研究开发中的技术入股。

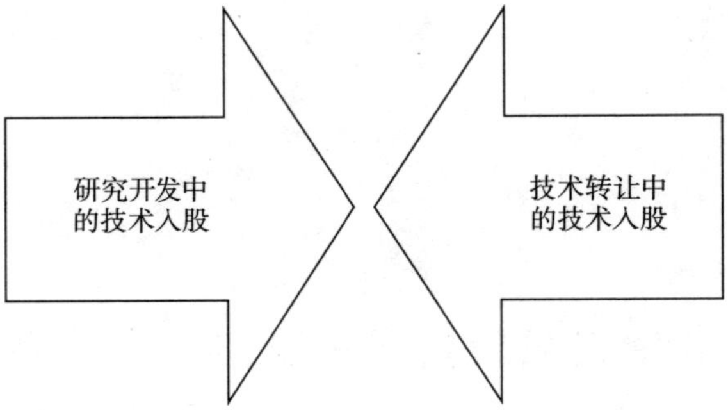

图5-1 技术入股的两种形式

（2）技术转让中的技术入股

技术合伙人掌握的现成的技术成果折合成股份，向小公司进行技术投资，然后分享效益，这种形式叫作技术转让中的技术入股。

通过技术入股的概念不难看出，不管是哪种形式的“技术入股”，成果和绩效都是未知的。“技术”仅仅是一种无形资产，在还未投入生产时，虽然是有价值的，但它的价值却是短时间内无法衡量的。

虽然从某种意义上来说，技术合伙人要求只出技术不出钱也有一定的合理性，但作为创始人，我们一定要科学评估技术合伙人的价值和对方不出钱的理由是什么。

【股权制度设计案例】

案例：合伙人只出技术不出钱，中途退出，结果公司破产

小郑之前在金融行业工作，后来决定自己创业做餐饮。由于自己完全属于“门外汉”，他找来自己的厨师朋友小蒋入伙。

小蒋是一位资深的川菜师傅，他提出自己可以负责所有的菜品方案，但因为手头暂时没钱，所以不出资，算是技术入股。两人最终协商认定，小蒋不出资，但负责所有的技术部分，包括研发特色菜品、把控食物的质

量、培养学徒工等等。持30%的股份，按盈利分成。

餐厅开业半年来生意红火，两人的合作也还算愉快，在此期间小蒋要求提高股份至40%，小郑考虑到人才难得，为了调动小蒋的积极性，也毫不犹豫地答应了。但是没过多久，意外还是发生了：小蒋的一位亲戚以高薪聘请他做酒店主厨，小蒋不顾昔日情谊，执意退出。

小蒋离开之后，小郑赶紧聘请了另外一位厨师，但由于菜品风味突变，餐厅生意急转直下。后来陆陆续续又换了几位师傅，仍然不尽如人意。小郑前期接店面、装修、买设备大概投资了50万元，还没有完全回本，而小蒋退出之后，生意日渐萧条，员工工资、店面租金等都成为餐厅的巨大压力，苦苦支撑了几个月之后，以破产告终。

看到这里，相信大家已经很清楚导致小郑破产的具体原因，但其实许多小公司合伙团队都存在这样的情况：技术不在创始人自己手中，而技术合伙人拒绝出资，不能分担运营风险，全凭感情用事，一旦技术合伙人抽身离开，公司也就遭遇致命打击，无法继续发展下去。

【股权制度设计实操】

以上案例中，小蒋以没钱为由拒绝出资，却要求高达30%的股份，之后看到餐厅收益不错，又起了贪念，要求将自己的股权涨到40%，显然缺乏合伙的诚意。后来他极不负责任地突然退出，更是餐厅破产的直接原因。忠厚老实的小郑可谓是花大价钱买了个教训。由此，小公司创始人也应该深刻反思，如果遇到小蒋这样的合伙人，又该如何？

虽然说技术就是生产力，技术入股有一定的合理性，但技术合伙人如果只出技术不出钱，那我们一定要慎重面对，否则可能会给公司带来无法承受的风险。

对于技术合伙人只出技术不出钱，小公司创始人可以参考以下几个解决方案。

◎**弄清楚合伙人不出钱的真正原因是什么**

弄清楚合伙人不出钱的真正原因，相当于弄清楚他入伙的真实意愿。

①没钱出资——其他合伙人先垫付，分红时先还账。

②害怕风险——不能共担风险，谈什么合伙。

总之，因各种原因不肯出钱的合伙人，笔者都建议不要合伙。

◎**评估合伙人所出技术的含金量**

除了要弄清楚技术合伙人不出钱的目的，创始人还要科学评估技术合伙人所出技术的含金量。

关于如何科学评估技术合伙人技术的含金量，可以参考本书第 2 章的第 2 节“如何评估潜在合伙人”的人才标准的评估方法去评估，这里不再赘述。

◎**技术合伙人的股权分配**

当弄清楚了技术合伙人的目的和所出技术的含金后，接下来要考虑的问题就是：技术合伙人该拿多少股份，如何进行股权分配。

（1）技术合伙人出资占股的计算公式

这里给大家介绍一种常用的技术合伙人出资占股的计算公式：

技术合伙人所占股份 =（技术合伙人月薪 × 为项目工作的时长 – 技术合伙人领取的报酬 + 技术合伙人的出资）/公司现在的估值

例如，一个技术合伙人的年薪为 50 万元，公司没有拿到融资时的估值是 100 万元，他无薪、全职为公司工作一年，那么他应该拿到 50% 的股份。

（2）不要一开始就给予过高的股份

技术是一种无形资产，无法量化。一开始便给予过高的股份，相当于是利益诱导，人的本性往往贪心不足，多少算多？根本就是无底洞。就像上述案例中，即便小蒋的股份已经提高到了 40%，他还是没有满足，碰到更好的赚钱机会就立刻退出，毫不念及朋友情分。试想，如果成立餐厅的时候，小蒋也参与了投资，他还会那样任性吗？

技术合伙人的技术再重要，也绝不要赌上公司的前程，可以适当给些股份，之后技术变现，也可以酌情以奖金补贴等形式增加利润分配，但不要一开始便利用公司股份给予承诺。

（3）股权和贡献、风险匹配

不管合伙人以什么形式入股，他所持的股权必须与他的贡献相匹配，还必须与他所承担的风险相匹配。

举一个极端的例子，纯技术入股的合伙人在产品研发过程中去世了，他的股份是可以被合法继承的，即便退股，对公司而言也是不小的损失。

正常情况下，小公司在为每个合伙人分配股权的时候，都应该综合考虑各方面的因素，包括他的长期贡献、所承担的风险等等。

◎技术合伙人退出，公司能否承受这样的风险

基于技术合伙人带来的风险实在太大，小公司必须未雨绸缪，事先进行全方位的评估：如果合伙人中途退出，公司是否能够承受？所以，对于技术合伙人，小公司创始人要制定完善的退出方案，尽量规避不必要的纠纷。

最规范的做法是：委托律师签订合伙协议并进行工商登记，有了法律的保护，公司发展所面临的风险将会大大降低。

当然，反过来也有这样的情况：合伙人只出技术不出钱，一心负责技术层面，而公司发展稳定之后，技术合伙人的重要性逐渐降低，甚至失去存在感，其他合伙人将他利用之后，以他没有出资为由就将技术合伙人扫地出门。由此可见，让技术合伙人出钱，其实也是对他本人利益的一种保护。

总而言之，只出技术不出钱，对合伙人和公司双方都不利。为了合作愉快，也为了公司的长远发展，建议小公司创始人不要接受合伙人只出技术不出钱的提议，如果实在是形势所迫，事前也一定要签订协议，减少风险，保证公司和每个合伙人各自的合法权益，使公司能够更为顺利地发展。

5.2

合伙人只出钱不参与经营，怎么办

【股权制度设计看点】

在上一节里，我们提到过有的合伙人只出技术不出钱，相当于“出力不出钱”。本节我们将重点讨论“合伙人只出钱但不参与经营”的情况，与上一节刚好相反，即“出钱不出力”。

“三个臭皮匠赛过诸葛亮”，合伙的真正目的，就在于整合资源，谋求更大的能量，帮助公司做大做强，长远发展。但是有的合伙人，虽然出资占股，却不愿意为公司劳心烦神，这通常也是一些小公司股权合伙产生矛盾纠纷的根本原因。

那么，在面对合伙人“只出钱不出力”时，小公司创始人应该怎么办呢？要想很好地解决这一问题，首先我们要搞清楚“只出钱不出力”的合伙人是不是真正意义上的合伙人？

关于这一点，我们通过下面两个案例从不同角度去看待这个问题。

【股权制度设计案例】

案例 1：合伙人不参与经营，任性退出，缺乏责任心

李虎是晋江人，他的父亲经营着一家小型的皮革厂，由于环保政策等

原因，近年来工厂效益每况愈下。李虎大学毕业后回到家乡，决定大干一场，找来了自己的同学方兵、王强，3 人合伙成立了“三盛”皮革公司。

新公司沿用了之前李虎家皮革厂的厂房、设备等，关于3 人出资及权责划分，如图5－2 所示。

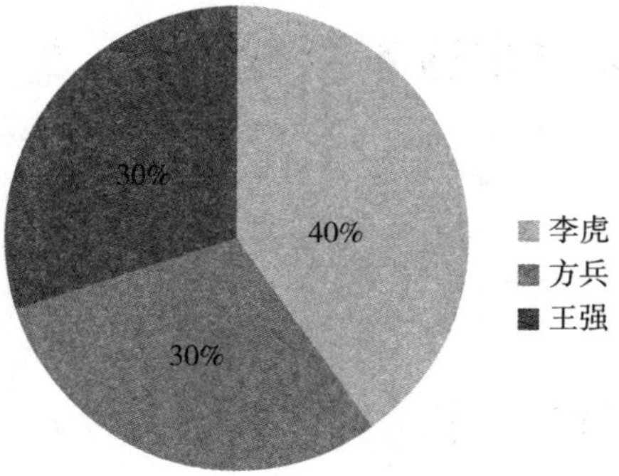

图5－2　“三盛”皮革公司股权及权责

公司成立之后，李虎和方兵辛苦经营，却仍然没有摆脱连连亏损的厄运，王强则抱怨不断，认为是李虎和方兵决策失误、经营不善。

一年之后，王强提出原款撤资，这对公司来说，无疑是雪上加霜，3 人爆发了激烈的矛盾。最终王强和方兵都离开了，留下了一个烂摊子给李虎。

案例2：合伙人不参与经营，被架空，苦不堪言

胡敏与闺蜜小英合伙经营着一家婚庆公司，双方口头协议：每人出资30 万元，各占50% 的股份。后来，胡敏回老家生宝宝，在家全职带娃，退出经营，并将自己的股份减持到30%，按季度分红。

接下来将近两年的时间，胡敏都没有参与公司的经营。而小英则以公司效益不好为由，渐渐地减少了胡敏的分红，甚至一再拖欠。胡敏多次与小英沟通都没有结果，后来亲自去了一趟公司，才发现早在半年前，她们的婚庆公司就已经被小英私自转让出去了，胡敏要求小英从转让所得收益

中分 50% 给自己，但遭到了小英的拒绝。

胡敏一怒之下将小英告上法庭，两个好朋友就此反目成仇，分道扬镳。

【股权制度设计实操】

案例 1 中，王强作为合伙人，没有参与经营，也不愿分担风险，承受损失。他因为没有参与经营，就把公司的损失全部归责于李虎和方兵，企图全身而退，堪比强盗行为。

案例 2 中，胡敏由于自身原因，退出经营，权力被架空，小英则趁其不备，瞒着她私自将公司转让出去，严重侵害了胡敏的利益。

这两个案例都在提醒我们：面对只出资不参与经营管理的合伙人，一定要在合伙之前明确双方到底是股权合伙关系还是借贷关系，然后才可以谈股份的问题。如果连对方是不是自己的合伙人都没有搞清楚，一旦公司发生债务危机，双方很容易就负债问题产生纠纷。

那么，面对想要股份却不参与经营管理的合伙人，到底该如何操作才能避免后期的风险隐患？

◎明确股权合伙关系和借贷关系

在面对只出资却不参与经营的合伙人时，小公司创始人一定要弄清楚，双方究竟是借贷关系还是股权合伙关系，只有明确了股权合伙关系，才谈得上分股权。

另外，一旦建立股权合伙关系，就应该及时签订相关协议，使彼此受法律约束，从而减少风险。否则，这个环节的任何含糊不清都会在将来演变成矛盾。作为小公司创始人，绝不能像上述案例 2 中的胡敏和小英，因为是闺蜜关系，就没有签订具有法律效力的合伙协议，结果小英的背叛使胡敏深受其害。

◎不参与经营的合伙人，股权分配另有规则

一旦明确双方是股权合伙关系之后，接下来便进入最重要的环节，即股权的分配。总体而言，一个合理的股权分配方案要能够实现公平公正，有利于公司发展，并且使每位合伙人都满意。在此，针对不参与经营的合伙人罗列出以下几项分配规则。

（1）按股东投入占比分红，参与经营的合伙人享有额外工资

股东投入了资金，自然应该按公司业绩分得红利。但是相对于那些没有参与经营的股东来说，全职出力、为公司日夜效劳的股东也只按业绩分红，肯定是非常不公平的。他们做出的多于常人的贡献，怎么来算？

因此，除了每年按股权占比分红，还应该给予参与经营管理的合伙人更多的酬劳，可以是工资，也可以是奖金，这样才能充分调动经营者的积极性，保证公司良好地运营、顺利地发展。

（2）按股东投入占比分红，参与经营的合伙人享有额外提成

这与上面提出的第一点相似，但应该注意的是，在给予参与经营的合伙人额外补贴时，应该以其工作业绩作为主要参考，而不是采用职位年薪的模式。额外的业绩提成可以起到很好的激励作用，能使经营者做出更多的业绩，创造更多的价值。

（3）将经营劳动转化为股份，减少不参与经营的合伙人的股权

改变以投入资金占比分配股权的方式，不参与经营的合伙人，应该适当减少他们的股权。可能那些只出钱不参与经营的合伙人对此比较难以接受。但是冷静思考，就会发现这种方法其实非常科学，而且有助于公司的长远发展。从另一方面来看，一旦公司经营不善，出现亏损，股权少则承担的风险相对低，面临的损失也相应减少，对他们反而更有利。

严格意义上的股权合伙，应该是每个合伙人既出资又出力，利益共享，风险共担，但具体落实下来，每个公司处境不同，合伙形式也就各有

差异。总结起来，出于公司长远发展的考虑，面对只出钱不参与经营的合伙人，一定要慎重，首先要通过协议明确双方的关系，然后要明确各自的职责、权利、义务和利益，丑话说在前，以免日后起纷争。

5.3

合伙人难以驾驭，怎么办

【股权制度设计看点】

几乎所有的小公司创始人在寻找合伙人的时候都会担心这样一个问题：如果合伙人能力不足，就无法满足合伙要求；但如果合伙人能力太强，超过自己，则又担心自己驾驭不住，失去权威。

其实，这是正常的人性使然。回顾历史，我们不难发现，历朝的君主，无不对那些功高盖主的将相心生忌惮。股权合伙也是同样的道理，小公司创始人选择合伙人的目的是做大做强公司，但如果创始人选择的合伙人能力超过自己，就会出现“功高盖主”，失去权威的局面。一旦两人在决策上意见不合，对方因为能力超过了你，势必不愿事事听从你的意见。

一个你无法驾驭的合伙人，势必会在公司发展的过程中与你有较多的对台戏，试问这样的公司又岂会轻易成功呢？一个各方面都要优于你且不愿意一直听从你的合伙人，会不会在积累了一定的资源和经验后，另起炉灶，抢你的生意呢？答案是肯定的，这些都是很可能发生的。

诚然，从公司发展的角度来看，能力强大的合伙人愿意加入，能够为公司带来更多想法和资源，为公司注入活力，带来希望。但如果你选择了一个你难以驾驭的合伙人，就有可能葬送自己的公司。

在这一点上，曾经被人广为传播的国美 CEO 陈晓和总裁黄光裕的故事，给我们作了一个很好的警醒。

【股权制度设计案例】

案例：一山不容二虎，先是强强联手，后是恶性竞争

国美的两位合伙人——陈晓和黄光裕，从携手创造辉煌到反目成仇，在短短 3 年时间里上演了一场从合到分的闹剧。

1996 年，陈晓经历了妻子离世的家庭变故，一度沉沦，后来痛下决心下海经商，创办了永乐电器。在陈晓的辛苦经营下，2005 年，永乐电器在香港上市，后来在发展过程中遭遇瓶颈，陷入了经济危机。2006 年，黄光裕出手相救，以 52.68 亿元收购了永乐电器，陈晓则成为国美的 CEO。此后国美实施双品牌运作战略，大获成功。

黄光裕和陈晓两人在公司经营和管理上风格迥异：黄光裕处事比较霸气，甚至不规范经营；陈晓则沉着冷静、谨小慎微，而且待人和善，多以激励、施恩来培植高管。久而久之，国美内部逐渐分化出“黄家内阁”和“陈家班”。

2008 年，黄光裕被警方羁押，委派陈晓代理国美董事会主席，同时遥控指挥国美的各项事务，但是 2009 年 6 月，国美便出现了严重的问题，面临破产。陈晓这时挺身而出，积极想办法融资，最终获得美国贝恩资本的帮助，使得国美渡过难关。在此期间，国美内部出现了“黄家内阁”和“去黄化阵线”的斗争局面，公司再次陷入危机，所幸后来的内部改革让国美重回正途。

纵观国美的发展历程，可谓是跌宕起伏，陈晓与黄光裕在短暂的“蜜月”之后发生了激烈的纷争，也不禁令人唏嘘感慨，所谓“一山不容二虎”，这两个彼此都难以驾驭的合伙人，最终不欢而散也在情理之中。

【股权制度设计实操】

对于小公司创始人来说，遇到难以驾驭的合伙人，即便能协调好经济上的问题，也不一定能逃过权力斗争所带来的矛盾。一旦失去对公司的控制权，也就失去了一切。上述国美案例中我们不难发现，黄光裕作为国美创始人，却一腔心血付诸东流，很大原因在于选错了合伙人——陈晓能力出众、难以驾驭，而且善于笼络人心，以至于后期黄光裕逐渐失去了对公司的控制。

有人会想，既然要保证自己能够驾驭，那是不是说，就应该找个比自己能力差的人合伙呢？这显然是犯了“因噎废食”的低级错误，合伙人能力不如你，要他又有何用？

这里所说的驾驭，是指至少在某一方面，你能够比合伙人强，而且你的综合能力要能够为自己争取到不可取代、不可超越的位置，才能保证对公司的控制权。人各有所长，你技术不如人、背景不如人……这都没有关系，如果人格魅力和管理能力能够令各位合伙人心悦诚服，你也就不必担心自己的地位不保了。

除此之外，小公司创始人也要通过不断学习，提高自己的能力，只有具备了强大的领导力，才能充分挖掘每个合伙人的聪明才智，为公司创造价值。在此，给小公司创始人提出以下几点建议，如图 5－3 所示。

◎保持自信，善用人才，不怕分权

一个完美的合伙团队，必定每个人都是各有所长。创始人首先要充分认清自己的能力，做自己擅长的事，也应该把每个合伙人都放在恰当的岗位，使他们能够尽情施展自己的才能。像雷军，他的公司采用了扁平化的组织结构，他本人是技术大牛，那么就负责技术，至于其他方面，充分授权。这样一来，便大大提高了人力资源的利用率。

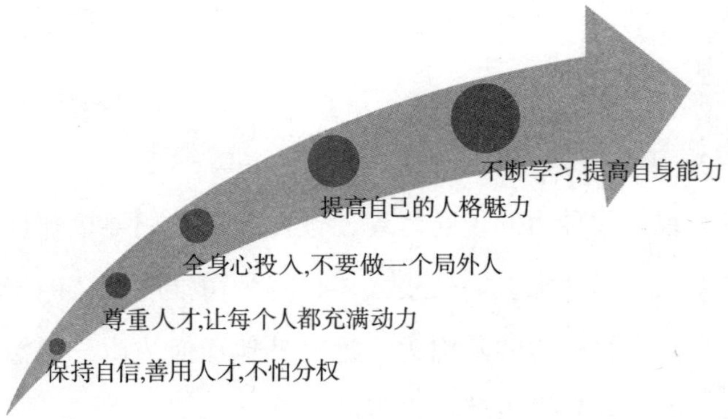

图 5－3　小公司创始人提高自己驾驭合伙人能力的技巧

◎全身心投入，不要做一个局外人

几个人一旦建立合伙关系，就好比是上了同一条船，只有每个人心往一处想，力往一处使，小公司才有可能在茫茫商海中扬帆远航。我们通常会要求合伙人以主人翁的心态来参与公司经营，小公司创始人更应该以身作则，全情投入。

◎尊重人才，让每个合伙人都充满动力

俗话说“士为知己者死”，每个合伙人都希望实现自我价值。任何一个合伙团队，只有给予人才充分的尊重，明确共同的奋斗目标，建立良好的激励政策，挖掘出每个人内在的动力，才能发挥他们的主动性。同时，管理上也就能事半功倍。比如宋江，他虽然身材矮小，性格懦弱，却聚集了一百零八将忠心为其效力。他最大的特点就是尊重人才。

◎不断学习，提高自己各方面的能力

除了尊重人才、善用人才，创始人还应该更多地从自己着手，通过学习，来提高自己的领导力。

人际交往能力、技术能力、管理能力等等，都是领导力的关键要素，而这些能力不是天生的，可以通过学习来提高，并且只有不断地学习，才

能跟上公司发展的节奏。小公司创始人只有具备了良好的领导力，才能令其他合伙人心悦诚服。

◎努力提升人格魅力

人格魅力也是领导力的重要体现，但在这里我们要单独提出来，因为它实在太重要了。但凡那些能聚集人才，将公司推向成功的人，都具有非凡的人格魅力。人格魅力的吸引力，远胜其他任何物质、利益等。如果才能上不如人，那么人格魅力就一定要足够强大。

至于人格魅力的提升，小到日常的一言一行，大到思维方式、气度格局都是需要加以改进的。

总之，一定要与那些你能够驾驭的人搭档。我们不妨想象一下，如果当年马云找马化腾和李彦宏合伙，现在能创造出一个叫阿里巴巴的大企业吗？

答案很明显，若核心创业者与合作伙伴有着高度相关的能力或资源，彼此存在能力竞争，很有可能会导致各方认知的不对等，轻则出现利益分配纠纷，重则出现一拍两散的局面。不仅如此，在创业成功之后，核心创业者在合伙人中的威望、地位和合法性都将受到挑战，散伙结局，避无可避。

5.4

合伙人彼此都认为自己的贡献大，怎么办

【股权制度设计看点】

股权合伙制原则上人人平等，但在具体合作过程中，常常会因为分工不同，加上很多时候也无法将各个合伙人所做的贡献进行量化、比较，这时就会出现有的合伙人过分看重自己的付出，总觉得自己的贡献更大，因此在进行利益分配时，认为自己应该享有更多的情况。

例如，笔者认识的一个小公司的合伙人，他主要负责公司的销售，在他的带领下，公司的销售业绩不错。这时他就开始产生自恃过高的态度，经常抱怨整个公司都靠他的业务部门养着，甚至认为其他两个合伙人每天只是开开会反而拿了更多的分红，心里很不平衡。事实上，他之所以有这样的想法是因为他完全忽略了另外两个合伙人所做出的管理价值，管理价值无法像销售业绩一样量化，但对于一家公司来说，其重要性并不亚于销售，管理的好坏同样决定着公司的生死存亡。

股权合伙时，如果每个合伙人都认为自己的贡献大，低估对方所产生的价值，各执一词，则往往会出现不可调和的矛盾，如果解决不好，就可能使合伙人反目成仇，甚至危及公司发展。下面这个案例就很好地揭示了这一情况。

【股权制度设计案例】

案例：贡献大、报酬少，让合伙人变为仇人

2017年，来自广州的李威和来自宜昌的黄勇合伙，在武汉开了一家服装批发公司，李威是主要出资人，也是公司的大股东和法人。

公司经营过程中，李威经常两地奔波，去广州谈业务，而武汉的服装公司主要是黄勇一人在打理。这一年，公司逐步壮大，收益颇丰。到了年终分红的时候，黄勇提出在股权分红的基础上，自己再拿10万元奖金，这让李威非常不满，他认为自己努力拉业务才是公司创收的主要原因，自己都没有索要奖金，凭什么黄勇还要拿奖金呢？而黄勇则认为，自己坚守岗位，管理公司付出心血，没有功劳也有苦劳，本来股权就少，再不拿奖金补贴，太不公平。就这样，二人僵持不下。

最终黄勇违背协议，要求提前退股，无奈之下李威答应黄勇撤资，但是出于公司发展考虑，只愿意付给黄勇80%的原始股资。

这样一来，更加激发了黄勇的不满情绪，终于在2018年5月，黄勇带上几位朋友来到服装公司，企图抢走一批存货作为补偿，并与李威和公司其他几位员工大打出手，直到警方前来干预，这场冲突才得以平息。

【股权制度设计实操】

案例中的李威和黄勇，本是一对完美互补的合伙人，结果却因为都认为自己的贡献更大，在利益分配中不愿让步，最后发生激烈冲突，不欢而散。

作为小公司创始人，没有谁会愿意面对上面案例中这样尴尬的结局，况且很多时候，合伙人是朋友、是熟人，因此一定要合理处理贡献和利益匹配的问题，否则既伤害感情又妨碍公司的发展。

这时，很多小公司创始人不免会感到困惑：每个人都认为自己的贡献大，该怎么办呢？在这里有一个原则性的建议：在股权分配上，每个合伙人的占比一定要与他的贡献相匹配，并且要实现动态上的一致，贡献变大了，那么股权也应相应地增多。即便在贡献无法量化的情况下，股权分配方案也至少要能够使每位合伙人都感受到公平公正。

然而，许多创业经验并不丰富的创始人往往对这个答案并不满意，通常会追问，还有没有更具体的、比较容易操作的股权分配参考标准呢？

股权合伙人各自的价值和贡献到底应如何衡量？以下是初步建议，以供早期阶段的小公司创始人参考。

◎明确合伙人的功能角色

首先，小公司创始人应该认清每位合伙人的能力所长，弄清楚各自应该担任什么角色，具体怎么分工。我们暂定小公司有以下 3 个核心角色。

（1）团队和管理

该角色通常是公司的创始人、合伙团队的组织者负责提出创业主意、公司的融资等，也就是所谓的“精神领袖”或者公司的“灵魂人物”。

（2）产品和技术

该角色主要是公司产品开发的负责人，如技术合伙人、产品经理等，除了负责技术还可能与其他合伙人一起参与经营决策。

（3）业务和运营

该角色包括公司产品推广和运营的负责人等，创造直接的业绩，决定公司的收益。

每个公司的业务领域不同，侧重点也会略有差异。例如，互联网公司可能偏重于产品技术，小米公司雷军自己是创始人，同时负责技术；再如格力则更依赖于销售业务，董明珠就是做销售出身。

在进行股权分配时，需要考虑公司的侧重点，重要的角色应掌握相对更多的股权。

◎衡量合伙人的价值和贡献

结合国内外先进的股权分配理论以及实践案例，建议创始人使用下列指标来衡量合伙人各自的价值和贡献，如表5－1所示。

表5－1　合伙人价值和贡献的衡量指标

合伙人价值和贡献的衡量指标				
	合伙人股权分配应考虑的核心问题	合伙人计点		
		团队和战略	产品和技术	业务和运营
1	谁是 CEO	10		
2	谁主导产品开发		10	
3	谁提出创业 idea	5	3	3
4	谁组建合伙团队	8		
5	谁负责管理开发团队	1	10	
6	谁最能获得投资人青睐	10		
7	谁决定产品质量	1	10	
8	谁负责产品推广	3	3	3
9	谁决定公司创收	2	10	
10	谁负责产品的策划和设计	5	2	2
11	谁负责公司整体运营	3		2
12	谁提供项目启动资金	2		2
13	谁适合对接投资人的融资	10		1
14	谁提供行业资源和背景	3		10
15	谁负责公司品牌的运营和推广			3

表5－1对各类指标进行了细分，但是在现实中小公司合伙人的职能可能并没有这样明确，有的人身兼数职，权重也有差异。因此，各公司在参考以上指标的同时，也应结合自己公司的特点，灵活考虑。

◎预留股权，动态调整

预留股权非常重要，尤其是一个小公司想要发展，想要做大做强，更要从长计议，为后续新力量的加入留出空间。而且，股权分配方案并不是一经确定就一成不变的，而是应该按照合伙人各自的贡献来调整，实现动态平衡。

另外，还可以通过股权兑现来保障创始合伙人的共同利益，即按照公司合伙人的工作年限，将他所持的股权逐步兑现。当然，这种操作要注意规避风险，如可以把兑现时间设定为 4 ~5 年，并且只有在公司服务满一年以上才能拥有股权，否则一旦出现联合创始人中途退出，之后再来索要股权的情况，就会给公司带来损失。

◎按实际贡献大小，重新协商股份比例

在公司实际运营中，合伙人的贡献有大有小，如果仅仅按照入股出资占比分配股权，势必会在利益分配时产生矛盾。

因此，可以根据公司的发展情况，阶段性地重新分配股权，或者给予贡献大者相应的奖金报酬等，尽量使利益分配更合理。

合伙人合作的理想状态是“1 +1 >2”，形成更大的合力，产生更多的价值，实现利益最大化。但公司经营并没有这么简单，合伙人之间的矛盾时有发生，特别是涉及利益分配这种敏感问题，除了理论性方案，更重要的还是需要各位合伙人彼此理解，以公司发展为重，适当的让步方能获得更大的成功。

第6章

管理机制：

合伙人如何齐心协力把公司管理好

在传统的雇佣制企业，团队是“领导+成员”，领导发号施令，员工就是一名普通的打工者；而在股权合伙制企业，团队则是“决策者+合伙人”，既消除了员工的打工心态，又能通过人才配置、资源整合等方式共同把公司管好，使公司朝着做大做强的目标良性发展。所以，小公司须建立管理机制，运用股权合伙制的管理方式为公司的发展添砖加瓦。

6.1

管理转型：如何用股权合伙制实现管理颠覆

【股权制度设计看点】

马云认为：合伙人，不是一个利益集团，也不是控制这家公司的权力机构，而是公司内在的动力机制。股权合伙制使公司从“防止内部人控制”转变为“放手内部人驱动”，充分发挥了人的主观能动性。

所以，小公司在设计合伙人制度时，除了要设计合伙规则与矛盾机制，还要设计管理机制。

股权合伙制与传统雇佣制最大的区别在于全员参与经营、去中心化管理。这很好地适应了当今社会提倡平等、开放、自由、共享的大趋势。“以人为本”的口号已经喊了很多年，管理公司，最核心的部分就是管人，而管人的根本是管理人心。如今，随着股权合伙制的引入，小公司在管理上逐步实现了“以人为本”的管理颠覆。

在传统的管理模式中，公司组织结构呈金字塔型，等级划分明确，以制度为准则，上级管下级，层层授权。而股权合伙制则完全打破了传统的组织结构，没有上下级区别，只有创始人和合伙人之分，并且每个人只有分工不同，没有地位之差。两种制度下的公司组织结构如图 6－1 所示。

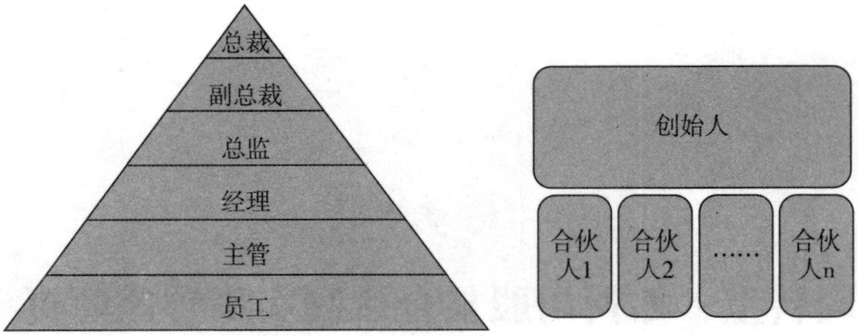

图6－1　传统雇佣制与现代合伙制公司组织结构的区别

通过图6－1所示的两张示意图的对比，可以很直观地了解到：股权合伙制避免了传统制度下，公司各层级之间、各部门之间以及各员工之间的合作障碍，提高了工作效率，同时让每位员工都成为公司的主人，充分调动了他们的工作积极性，从而大大提升了公司的竞争力。

综观如今的小公司，很多年轻的创始人都采用股权合伙制的管理模式，实现了管理颠覆。那么现在问题来了：引入了股权合伙制，怎样才能顺利实现管理转型呢？在给出具体方案之前，我们不妨先来看看腾讯正在经历的痛苦变革。

【股权制度设计案例】

案例：合伙思维下的管理变革，困难重重，但势在必行

2017年12月，马化腾在腾讯年度员工大会上提到“在管理方面，我们面临最大的问题是内部的组织结构，现在的腾讯需要更多的B To B的能力，要在组织架构上进行从内到外的梳理”。然而，直到2018年9月，马云宣布了卸任，雷军也宣布完成了小米组织架构的“大手术”，同为互联网领军的腾讯却还在酝酿之中，迟迟没有发声。

其实早在2005年，腾讯为了应对一个业务到多个业务，就采取了横向的事业部制；2010年，正如腾讯原CTO张志东所说，腾讯走到了“革命”

还是“被革命”的关口，他们已经意识到问题的存在。2011年初，微信上线，但是直到2012年5月，腾讯才正式宣布组织架构的调整——公司由原来的业务系统制升级为事业群制。2014年3月，正式成立了微信事业群（WXG）。图6－2为目前腾讯的七大事业群。

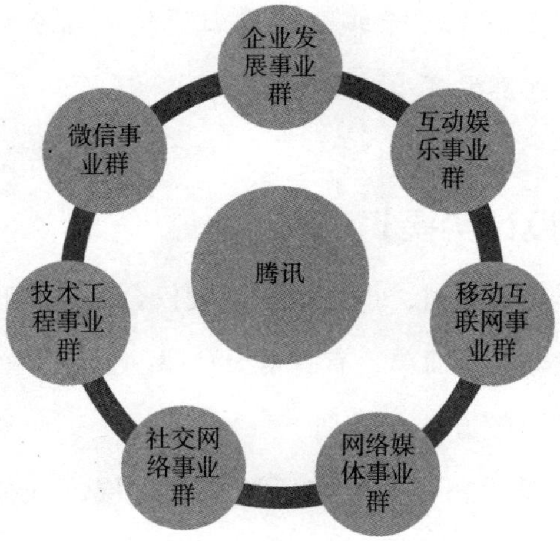

图6－2　腾讯的七大事业群

2018年1月以来，腾讯的股价一跌再跌，截至9月18日，腾讯市值已经跌破3万亿港元。这深刻地说明了腾讯当前的组织架构已经阻碍了公司的发展，急需一场更为彻底的变革。

吴晓波曾在《腾讯传》中指出，腾讯的组织架构是“大权独揽、小权分散”。说起来简单的8个字，而实际在管理变革中，腾讯举步维艰，为了建立一个依靠体制内部动力的组织架构不断尝试，又不得不面对新问题。

股权合伙制所要求的新型管理模式决定了“去中心化”，然而腾讯内部却因此失去了对算法和数据的掌控，数据分散在各个部门，无法实现有效的共享。一位腾讯内部员工表示：“公司的使命是连接一切，但是内部连接之差，对比起来反差强烈。”管理变革不能一蹴而就，究竟应该怎样去做，才能达到高效管理，使公司良性发展，值得每位小公司创始人深思。

毋庸置疑的是，以股权合伙的思维来实现管理制度的颠覆，是形势所迫、大势所趋。腾讯在做大之后急于寻求变革，从传统的管理体制到横向的事业部制再到事业群制，无非是将庞大的组织细小化，实现聚焦、灵活、快速，通过事业群发挥小公司的灵活性。

【股权制度设计实操】

比起腾讯这样的大公司，小公司利用股权合伙制实现管理颠覆相对容易，因为公司不大，结构简单，有着得天独厚的条件，“去中心化”“分散管理”落实起来都比较方便。

在股权合伙制度下，公司没有所谓的管理层，没有明确的上下级关系，人人平等，不存在谁管谁，属于分散化的管理。但这并不是说完全取消管理，而只是将管理从有形变为无形，从被动强制转化为主动配合。分散化管理的方式让公司的管理者变多，人人都是管理者，这样的模式对小公司管理提出了更高的要求。

正如上述案例中那位腾讯员工所说，“公司的使命是连接一切”。那么作为小公司创始人，应该如何利用股权合伙制更好地管理团队，促进信息的公开，整合更优的资源，为其他人提供更好的平台呢？可以从以下几个方面着手，如图 6－3 所示。

◎制定完善的公司战略，帮助合伙人认清自己

在股权合伙制体系下，公司管理工作的重点并不是管人，也不是提升业绩。而是明确公司的发展方向，找准目标，帮助合伙人认清自我，发掘自身优势，把合伙人实现自我价值和创造公司价值做一个完美的结合。

每个人在工作中都会有迷茫的时候，就像车子开到了岔路口。此时，

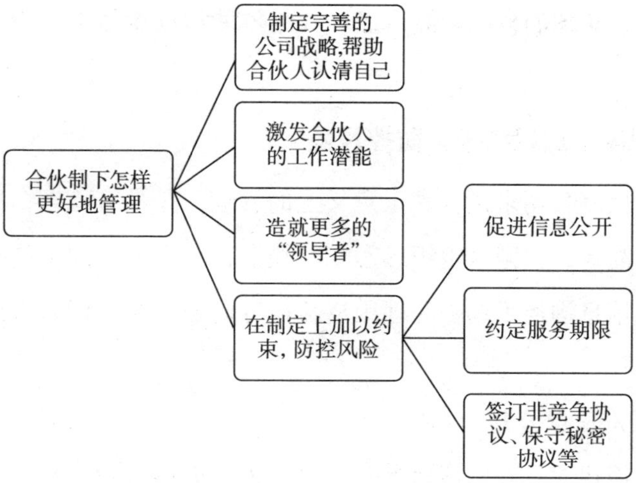

图 6－3　合伙制下管理颠覆攻略

小公司创始人就要充当向导的角色，帮助他们看到自己的优点，选择正确的道路继续前进。

◎激发合伙人的工作潜能

激发合伙人潜在的动力，不是让他们无条件地服从，而是要使他们发挥主观能动性，从“老板要我做”变成“我要这样做”。

管理心理学认为：每个人做事都是为了满足自己内心深处的需要，而愿景能激发人的潜意识，让他们的行为由被动变为主动。

因此，合伙制模式下的公司管理，是帮助管理成员思考，改善团队的心理模式，这在很大程度上能够激发合伙人的工作潜能，让他们把工作做得更好。例如，通过帮助思考、塑造愿景、心理建设等调动他们的工作积极性，从而诱发潜能。

◎造就更多的“领导者”

小公司创始人在管理中扮演的角色不仅仅是管理者，还是带动者、鼓励者，就像拉拉队队长一样。创始人要善于将每个合伙人的才华淋漓尽致地发挥出来，让他们自己领导自己，在激烈的市场竞争中，为公司赢得更多的先机。

◎在制度上加以约束，防控风险

对于合伙制公司来说，真正意义上的管理，是没有管理。这种模式会更自由、更高效，但同时组织形态相对松散，甚至没有固定的办公室，这就容易造成信息沟通不畅、心理距离疏远等问题。对此创始人还应该注意以下三点。

（1）促进信息公开

公司应该建立良好的沟通平台，促进大家的沟通与合作，这样才能真正实现高效运作。

（2）约定服务期限

合伙人在拥有更多主动权的同时，创始人应该对聘用协议中的服务时效加以约束，避免人员随意流动给公司经营造成影响。

（3）签订非竞争协议、保守秘密协议等

人人都是管理者，就意味着人人都能掌握公司的核心数据。这样会给公司带来风险，对商业竞争产生不利，必要情况下可以签订非竞争协议、保密协议等，规定合伙人离开时不得带走客户以及其他核心资源，以防控风险。

以股权合伙制实现管理颠覆势在必行，小公司合伙人只有提高自己的综合能力，以巨大的人格魅力来吸引人才、以正确的价值观来引导合伙人，努力整合优化资源，构建一个人人参与、大家共赢的局面，才能使公司走得更远。

6.2

机构设置：如何精简纵向管理层次，实现扁平化管理

【股权制度设计看点】

传统公司结构下，管理层次过多，组织冗余，往往会出现“上级不能越级指挥，下级不能越级汇报”的问题。而且公司越大、层级越多，沟通越是不畅，导致信息严重失真。只有减少层级，使组织结构扁平化，才能实现管理工作的简约、高速、极致。

这里我们可以通过图 6－4 所示的两种公司的信息运转模式进行对比。

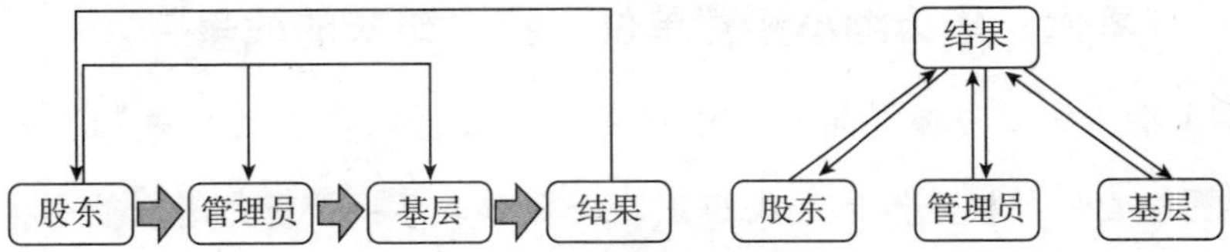

图 6－4　传统公司和股权合伙制公司信息运转对比

传统公司内部实行层级式管理，人员分布从董事长到总经理到部门经理再到基层员工，呈现金字塔型。信息发布从顶层传达到基层，而基层的反馈经历了上级的层层筛选，才能到达顶层。

相比之下，股权合伙制的扁平化管理减少了层级，保证了沟通的顺畅，人人以结果为导向，能调动积极性，信息直达，反馈顺畅。

具体来说，扁平化管理有以下四大特点，如图6－5所示。

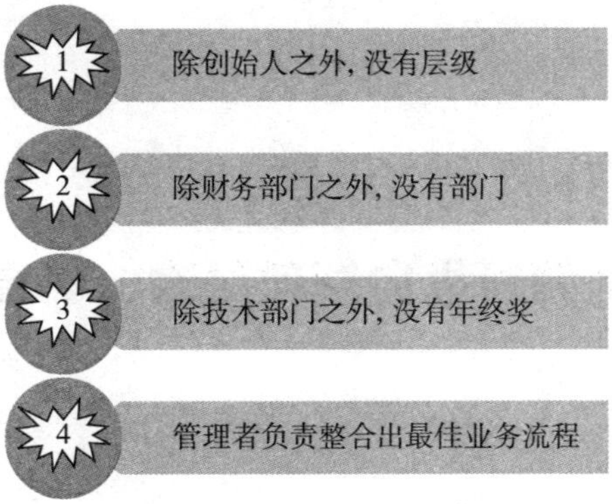

图6－5　实行扁平化管理的特点

根据扁平化理论和特点，可以看出，实施扁平化管理的公司除了财务、技术等核心部门，其余全部都是一线战斗小组，这不禁让笔者想到华为在组织改革中所提出的“班长的战争”。

【股权制度设计案例】

案例：华为缩小经营单位，打“班长的战争”

2014年，华为内部开始兴起组织变革，喊出“班长的战争”这一口号，意图把责任和权力授予一线组织。任正非表示：“简化组织管理，让组织更轻更灵活，是我们未来组织的奋斗目标。”“通过现代化的小单位作战部队，在前方去发现战略机会，再迅速向后方请求强大火力，用现代化手段实施精准打击。”很难想象，传统公司里中央集权、层级繁多问题严重，如何才能实现“迅速”“精准”？

本着这样的作战方针，华为建立子公司董事会，缩小作战单位，将经营决策权充分下放，把指挥权交给一线，同时为了防止出现混乱，加大后方的监控力度。

直至今日，“班长的战争”依旧进行得如火如荼。华为计划用5年的时间，将部门进行整合，缩减组织层次、缩小组织规模，而总部则主要负责资源配置和对一线的高效支援。

短短十几年的时间里，华为异军突起，成为行业的“领头羊”，这与其领导者的危机意识和顺时应变密不可分。在当前的管理变革大趋势下，华为积极响应市场需求，打响“班长的战争”，正如任正非所说：“如果5~10年后，我们能实现管理权力下沉，后方支持的服务质量上升，那么我们即时满足客户需求的能力及速度就会增强，我们就能在市场汹涌澎湃中存活下来。”

【股权制度设计实操】

精简组织层级，缩小经营单位，实施扁平化管理，不仅华为这样的全球500强企业都在做，这也是每个小公司的迫切需求和实现变革的必经之路。

那么，小公司要如何精简纵向的管理层次，削减烦琐的中层，实现扁平化管理呢？

◎通过组织改造实现扁平化

实现扁平化管理的典范——小米公司，组织结构只有三级：核心创始人、部门负责人、员工。另外，海尔也推出了小单元经营，打造创客平台，人人都是CEO，人人都面对客户。

在进行组织结构扁平化改造时，我们可以围绕这几个中心词展开变革：大平台、小前端、去中心化。

◎通过流程优化实现扁平化

这个主要是依赖创始人对流程的优化，使整体流程实现标准化、节点责任化、成果可量化等等。充分给予一线员工自由，能够及时地做出正确的反应，减少不必要的管理成本。

◎通过信息技术手段实现扁平化

这就要求公司提高自己收集信息、整合资源的能力，同时要建立良好的信息共享平台和监督机制，实现沟通过程的扁平化。这势必会降低沟通成本，提高沟通效率。

◎通过培养人才实现扁平化

小米能够顺利实现扁平化，人才是它的制胜法宝。雷军在创办小米之初，亲自面试前100名员工，聚集了大量优秀人才。小米公司不打卡，也不设考核，却成为了一流的团队，一流的公司。因为优秀人才本身就具备强大驱动力和自我管理能力，这就使管理成本减少，实现扁平化成为可能。

只有努力寻求人才、培养人才，管理的扁平化才能顺利落地。

对于小公司来说，只有利用股权合伙人的管理思维来精简管理层次，实现扁平化管理，减少管理带来的浪费，才能集中力量做研发、做业务，才能快速、高效、极致地发展，进而做大做强。

6.3

流程管理：如何精简流程，使公司运营效率得到提升

【股权制度设计看点】

相信各位小公司创始人都遇到过这样的难题：许多管理学教程告诉我们应该重视公司的运营流程，一切工作环节都应该“标准化、制度化”。而在小公司实际经营过程中，严格、标准的流程反而束缚了公司的发展和运作。

那么小公司的运营流程究竟是应该遵循“标准化、制度化”的管理，还是对这些管理流程进行简化呢？这要视公司的实际情况而定。

对于大型公司，每个细节都会对公司产品的质量产生影响，因此任何一个细节都应该有标准化的操作流程。完善的流程体系可以给公司的规范管理助力。

而对于小公司来说，烦琐的流程体系容易产生以下两大问题。

（1）流程的滥用

小公司日常工作中启用工作流程时，容易因为流程烦琐而造成资源浪费。所以在启用工作流程的时候，应该小心谨慎，避免日常工作中因为懒惰和呆板形成不符合常规的工作流程。

（2）所有的流程要服务价值目标

流程管理所提倡的是，必须根据工作内容和经营目标之间的关系，来制定统一科学的流程。但在公司内部，虽然各部门有着相同的目标，但部门与部门、员工与员工之间却是相互独立的，既没有紧密联系，也没有先后关系。因此，小公司本身的主观情况，决定了小公司并不都适合严格的流程管理体系。

以京东商城为例，在以京东为代表的许多当代互联网企业、电商企业中，公司内部各部门看上去毫无联系，分枝散叶，但却有着高到惊人的工作效率。那么，京东又是如何达到这种状态的呢？

【股权制度设计案例】

案例：京东商城精减流程，保证高效

京东商城由刘强东一手打造，其管理模式只有一个核心思想：做好产品的供应，只要产品供应链畅通无阻，团队就可以正常运转。

这种思想的具体操作就是，京东前台在接到订单之后，系统可以根据用户所在的位置匹配到距离最近的京东仓库，从客户下单到取货，这之间不走任何其他多余的流程。同时，系统也会根据客户所在的位置估算出最短的送货路径，确保京东的商品可以在最短的时间内送到客户手中。因为这样简短精确的流程，京东已经可以在国内 12 个城市做到上午 11 点前下单，当天就能把货送到客户手中。

因为刘强东对产品供应链的重视，京东所打造的物流体系在电商市场配送方面独占鳌头。京东的 3C 产品平均库存周转天数只有 12.6 天，而国美和苏宁的 3C 产品平均库存周转天数为 60 天。

【股权制度设计实操】

京东的法宝就是“只做供应链”“缩短供应链”，这样的思路值得转型电商的传统行业者借鉴与学习。对于小公司来说，精简工作流程必不可少，但前提是要保证公司高效率地运转，这样才能取得更大的收益。这是公司自身发展的需求，也是整个市场的需求。

那么，在实际操作过程中，股权合伙制小公司应该如何精简流程，保证公司运营效率得到提高呢？可以参照图6－6所示的方法。

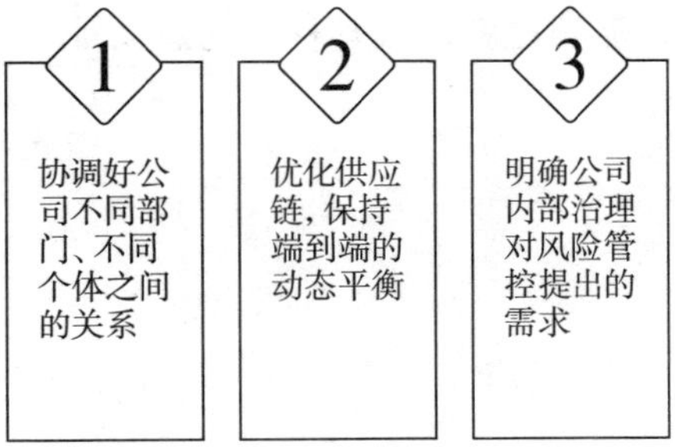

图6－6　小公司精简流程的三种方法

◎协调好公司不同部门、不同个体之间的关系

包括生产制造商（紧密型、松散型）、电子商务零售分销和直销渠道、仓储服务商、第三方物流服务器等等。它们之间的关系都应该协调好。

◎优化供应链，保持端到端的动态平衡

每个公司都在一条完整的链条中。比如生产型公司，如果要把一份产品送到消费者手中，通常要经过采购、生产、物流、仓储、销售这些环节。从采购环节到消费者拿到产品的过程就是端到端的过程，在这一系列过程中，所有环节都要保持流畅和可视化。而在这个过程中，小公司要留意市场的变化情况，根据最新动态做出及时调整。

◎明确公司内部治理对风险管控提出的需求

对于小公司来说，公司经营中风险最大的两个环节是人才和资金。因此，着重做好人才和资金上的管理，就能在很大程度上解决流程管理的问题。

对于股权合伙制小公司来说，在公司管理过程中必然要走一些流程，但绝不能滥用、盲目使用流程。小公司必须从实际情况出发，视公司情况而确定用不用流程，怎么规划流程。在遵守法律、符合道德标准、不损害个人和集体利益的前提下，我们应该尽可能简化流程。如果因为过于重视流程而忽略工作本身，流程也就没有其存在的意义了。

6.4 奖励机制：如何通过奖励，激励合伙人竭尽全力为公司做贡献

【股权制度设计看点】

在小公司的发展过程中，创始人常常会遇到这样的问题：公司想要继续扩展规模就需要增加员工的工作量，然而在实际运作中，经常会出现创始人一门心思往前冲，合伙人却毫无热情的景象。为什么会出现这样的情况呢？许多创始人会把问题归咎于合伙人缺乏敬业精神、没有职业素养和工作积极性。那么，为什么合伙人会缺乏积极性呢？这是因为没有一套奖励机制来激发合伙人的积极性和工作热情。

通常来说，小公司在发展初期并没有过多的资本用来激励合伙人，在这种情况下，我们又该怎么做呢？有的创始人会忍痛割爱，放弃人才；有的创始人则是给自己一刀，下血本留下人才。其实这些都不是好的解决方案，对于小公司创始人而言，应该制定一套科学的奖励机制，这样既能解决短期内资金周转不灵，无法给合伙人提供奖励的困境，也能提高合伙人的工作积极性。

下面来了解两个案例，通过对比，看看激励方式不同会给公司带来哪些影响。

【股权制度设计案例】

案例 1：公司为合伙人分期支付房贷，留住科技人才

张先生和他的朋友们合伙在北京创办了一家科技公司，随着公司规模的扩张，逐渐出现了人才缺口的情况。而这时，拥有多年科技行业工作经验的王阳出现在了张先生眼前。张先生求贤若渴，十分真诚地邀请王阳加入自己的公司。但王阳只对张先生提出了一项要求就是公司需要解决他的住房问题，否则他不考虑加入。

对于张先生创办的这家小公司而言，在北京购置一套房子的价格可不是一笔小数目，张先生与自己的合伙人商量之后向王阳提出了这样的方案：张先生与王阳签订 5 年合同，这 5 年间王阳的租房费用全部由公司承担，5 年后如果王阳还在张先生的公司工作，且达成了公司的业绩要求，公司就会为王阳交付一套在四环的住房的首付款，王阳自行还贷。如果合同到期，王阳决定继续为公司效力 5 年，则公司为他还清剩余的贷款。

王阳欣然接受了公司提出的方案，并与公司签订了合同，顺利进入了公司。在公司的 5 年内，王阳的工作能力得到了充分展现与运用，为公司创造了大量财富。在王阳工作 5 年后，公司兑现了承诺，为王阳在四环边购置了一套房，支付了首付。王阳见公司领导知人善任，守约守信，便又和公司签订了 5 年合同，继续为公司效力。

5 年之后，当初的小公司蓬勃发展，已经成为了财力雄厚的大型企业，公司按照最初的合同约定一次性帮王阳还清了房贷。

王阳作为公司发展的功臣被张先生邀请成为了公司的合伙人，从此自己也当上了公司的老板，于是更加努力地发挥着自己的价值。

案例 2：公司食言，赔了夫人又折兵

某公司在吸引优秀合伙人进来时许诺对方，如果对方加盟公司工作满两年时间，第三年将拿到不低于 20 万元的年薪。

然而到了第三年底，公司却并没有兑现当初对合伙人“年薪 20 万元”的承诺。公司认为这名合伙人业绩不够优秀，没有为公司创造过多的价值，“配不上”这 20 万元。合伙人一气之下拿着入职时与公司签订的合伙协议，将公司告上了法庭。公司败诉，不但赔钱，也赔了名声。

【股权制度设计实操】

通过这两个案例，可以得知：奖励机制对于留住优秀合伙人，使其与公司结成利益共同体，从而实现公司持续、稳定的增长效率非常有效。

那么，小公司应该如何设计奖励机制，激励合伙人竭尽全力为公司做贡献呢？图 6－7 是可以为小公司所用的建立机制的方法，希望能够帮助小公司设计出适合自己的奖励机制。

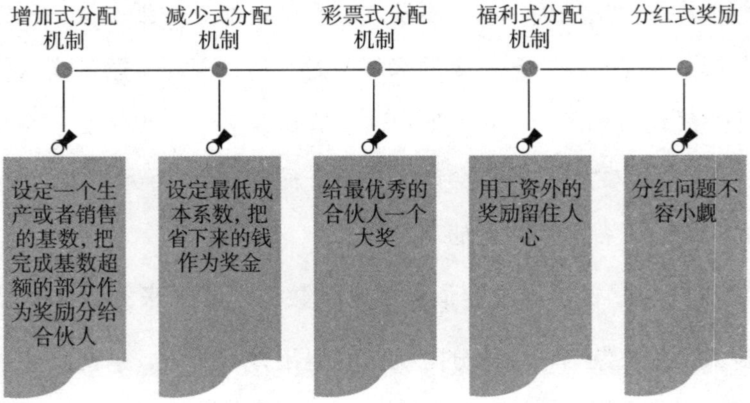

图 6－7　小公司设计奖励机制的五种方法

◎增加式分配机制：设定一个生产或销售的基数，把完成基数超额部分作为奖励分给合伙人

在股权合伙制公司的奖励机制中，有一个非常重要的机制，即增加式分配机制。它是指先设定一个生产或销售目标，然后分配给各合伙人，在规定的时间内超额完成的话，就将超出的部分按照一定的比例作为奖励分给合伙人。

为了让这种奖励机制最大限度地发挥作用，小公司创始人需要做好以下几点。

（1）发放奖励的业绩指标不应该过大，也不应该过小

遵循这个原则设定好奖励基础之后，把超额业绩纯利润的50%用作奖励是个不错的选择。例如，合伙人在一个项目中，超额生产了300万元的商品，而这300万元的商品可以给公司带来120万元的纯利润，那么创始人就可以拿出60万元作为给生产部门的奖励。

（2）既然承诺激励，就要及时兑现

不管奖励看上去如何丰厚，不发放、不兑现都是一纸空谈。所以，无论设定怎样的奖励机制，最重要的都是及时兑现，保障奖励的实效性。例如，一个奖励设定期限为一年，即便这个奖励金额高达10万元，合伙人在经过几个月的工作之后也可能会产生松懈。而把这10万元均摊到每个月，那么合伙人每个月都有动力更加辛勤地工作。

◎减少式分配机制：设定最低成本系数，把省下来的钱作为奖金

减少式分配机制与增加式分配机制的运用并不矛盾，这两种奖励机制的本质是一样的。增加式分配机制意在提高产量，也就是开源；而减少式分配机制意在降低成本，也就是节流。开源节流都是为了让公司获得更多的利润，然后用多出来的利润作为对员工的奖励。对于那些销售额到达瓶颈期，成本居高不下的小公司来说，减少式分配机制可以促使合伙人更加

珍惜公司的资源，也可以让那些占着位置不干活的合伙人产生危机感，提高工作效率。

而在实际运用减少式分配机制的时候，小公司创始人应该注意以下方面。

（1）依然要拿出一部分节省下来的成本作为奖励

与增加式分配机制相同，创始人应该拿出节省下来的成本的 50% 作为奖励。如果拿出过多资金作为对合伙人的奖励，就没有达到节约公司运营成本，为公司创造更多盈利的目的。相应地，拿出节省费用的一部分作为奖励，公司可以节省一部分成本，而合伙人也分享了一部分公司利润，从而实现双赢。

（2）结合公司实际情况，根据“利润分配的三大原则”设定利润分享系数

如果是生产制造业，公司就可以给生产部门设定较高的利润分配系数，因为生产部门直接影响公司的成本。而对于销售行业的小公司来说，销售部门应该拥有更高的利润分配系数。

（3）节约用人成本，优胜劣汰

节约用人成本，把那些无法完成业绩、业务能力不足以胜任工作的合伙人淘汰出局。用人成本也应该被纳入公司经营成本的考虑范围之内，尤其是对于发展到达瓶颈期的小公司而言，养一个闲人是非常奢侈的。建立好淘汰机制之后，小公司可以淘汰那些无法完成业绩的合伙人，把他们的底薪作为奖励发放给那些认真敬业的合伙人，既能奖励努力勤奋的合伙人，也能给合伙人一些危机感。

◎彩票式分配机制：给最优秀的合伙人一个大奖

俗话说，“重赏之下必有勇夫”。公司运营也是如此，如果用彩票式的超级大奖奖励给最优秀的合伙人，则既能奖励最优秀的合伙人，又能激励

其他合伙人。

彩票式的奖励是用肉眼可见的超级奖励，给合伙人一个奋斗的目标，让合伙人积极行动起来。但超级大奖不能随意发放，一定要奖励给最优秀的合伙人，所以在进行彩票式奖励分配机制的策划时要格外注意以下四点。

（1）不能只奖励一个人，也不能奖励太多人

如果只给一名最优秀的员工大奖，那么有些能力优秀但不能做到第一名的合伙人，就会因为对自身能力的不自信而对大奖望而却步，缺少追求大奖的动力。因此彩票式奖励分配机制在对获奖者人数的把控上要格外注意，不能只奖励一个人，也不能奖励太多人，最好是奖励给最优秀的 1 ~ 2 名合伙人。

（2）用业绩说话

公司进行一切奖励的基础是盈利有保障，实际上是为了鼓励合伙人为公司多创造利润。所以无论哪种奖励方式，首先要保障的就是获得奖励的合伙人达到了预定的工作业绩。只有保障了合伙人为公司创造的利益，公司对合伙人进行奖励才不会导致赔本赚吆喝。

（3）创立金点子工程等业绩以外的奖项

创立金点子工程等业绩以外的奖项，通过这样的奖项和基金激励合伙人多思考公司的发展方向，为公司的发展出谋划策。这样可以提高合伙人参与公司建设的积极性与参与感，也可以让公司从中获得收益，调动公司的创新精神。

（4）奖罚结合

有奖有惩才能体现出奖励的意义。只有设立好业绩底线，对无法完成业绩的合伙人进行一定程度的惩罚，才能让那些业务水平一般甚至有些糟糕的合伙人有努力前进的动力；也能避免业务水平无法达到奖励线的合伙

人失去奋斗的动力，索性放弃努力。

◎福利式分配机制：用工资外的奖励留住人心

除薪酬奖励以外，各种福利也是必不可少的。福利分配是公司对合伙人人性关怀的重要体现，许多外国知名企业都有着优渥的福利，如用豪华轿车免费接送加班人员的高盛公司，如给新婚人员准备结婚礼物的美信银行等等。这些公司利用公司福利拉近了公司、员工以及合伙人之间的距离，让大家对公司更加忠诚。

下面这些外国知名企业常用的福利项目可以作为各位小公司创始人的参考。

（1）顾家型福利——有家庭的合伙人

对于那些结婚生子的合伙人，公司可以为他们准备顾家型福利。例如，有妻子临产的男性合伙人，可以带薪陪产 1 个月；公司可以在一年内组织一两次旅游，让合伙人与家人一起度过快乐的旅游时光；公司年会也可以邀请合伙人家属一起参加。

（2）“另类”福利——私人订制

现在有很多新兴公司，有着颇具创意的“另类”福利，如“吃货券”“美容券”“月嫂券”等等。这些票券可以根据合伙人的个人需求定制，覆盖面极广，涉及日常生活的方方面面，很值得参考。

（3）关怀福利——女性合伙人

对于那些女性合伙人比例较高的公司来说，针对女性合伙人的福利也必不可少。掌握好女性的心理，投其所好，就能获得极其丰厚的回报。一家时尚公司的老板为员工精心准备了下午茶，供女性合伙人在下午工作中享用，而这项福利也得到了大家的高度肯定。

◎分红式奖励：分红问题不容小觑

对于那些拥有公司股份的合伙人来说，分红是股权所得之外最重要的利益拼图。对于这些合伙人来说，公司效益越好，他们可以获得的分红也越多。

分红不同于股权，合伙人获得分红无须承担公司经营的风险，同时分红也无权转让和退出。要想享受分红，首先就需要公司盈利，所以合理分配分红可以有效刺激手握股权的合伙人的工作积极性。

分红式奖励一般分为两种形式。

（1）项目收益分红

项目收益分红是指按照具体的项目实施财务管理，同时按照国家统一的会计制度进行核算，反映具体项目收益分红情况。简单来说是，就在一家公司完成一项项目成果，并将其转化为利润之后，应该按照公司规定或者公司与项目相关人员约定的方式、数额和时限对项目相关人员进行分红。

（2）岗位分红

岗位分红是指给公司一些关键岗位的合伙人一些公司股份，或者为这位关键人员在公司内部记账一定数量的虚拟股份，而这名合伙人在他的岗位任职期间，可以享受他获得的这部分股份的分红权，离开这个岗位就失去了分红权。通过这样的模式，公司可以对特定岗位的合伙人进行激励。岗位分红原则上不超过 3 年，同样要对处于这个岗位的合伙人进行业绩考核，对那些没有达到业绩标准的合伙人，应该暂缓或者停止分红激励。

以上就是小公司常用的几大“建立机制”，小公司可以根据自己的情况，选择符合公司发展的一种或多种奖励机制。需要注意的是，在实践中要灵活运用，切不可盲目照搬照抄。

谋略篇

稳操胜算，设计合伙人股权结构

第7章

股权设计：

创始人与合伙人之间如何设计股权结构

小公司发展过程中出现的并购、重组、重整及合伙人退出等一系列问题，都离不开完善合理的股权结构设计。可以说，完美的股权结构设计应该是与公司发展一路相随的。因此，如何设计一套合理的股权结构方案，是公司创始人首先要解决的最大问题。

7.1

小公司进行股权设计有哪些实施步骤

【股权设计看点】

股权设计犹如一棵大树的枝干，以后的枝叶、花朵和果实都要在结实的枝干上生长出来。小公司创始人只要把股权结构这棵树干设计好了，公司才能长成枝繁叶茂的参天大树。

然而，令笔者感到惋惜的是，许多小公司纷纷寄希望于股权合伙制度，希望通过这种手段提高公司凝聚力，让公司发展得更快。然而只知其然，而不知其所以然，只知道一味地引入股权合伙制，却不重视股权架构设计，反而会让小公司在发展过程中出现利益分配不均、管理混乱、人心涣散等问题，如真功夫的失败，看起来像是家族内部矛盾，实则就是股权设计不合理所导致的——蔡达标和潘宇海的股权比例是47∶47，这样五五分的股权结构，出问题是必然的。

所以，对于小公司创始人来说，找到股权合伙人、设计好合伙人制度后，接下来要做的就是设计好科学、合理的股权架构。

在进行股权设计之前，我们先来了解一下什么是股权以及股权的分类。因为在实际操作中，很多小公司的创始人对于什么是股权没有概念。

（1）什么是股权？

股权就是投资人由于向合伙组织和企业法人投资而享有的权利，以及承担的责任。投资对象不同，投资人享有的权利也不同：向合伙企业投资享有的权利少，承担无限责任；向公司法人投资享有的权利多，承担有限责任，具体内容如表 7－1 所示。

表 7－1　不同性质股权的权利和责任

向企业法人投资享有的权利	向合伙组织投资享有的权利
①只以投资额为限承担民事责任的权利 ②参与制定和修改法人章程的权利 ③自己出任法人管理者或者决定法人管理者人选的权利 ④参与股东大会，决定法人重大事宜的权利 ⑤从企业法人份额里分取红利的权利 ⑥依法转让股权的权利 ⑦在法人终止后收回剩余财产等权利	除不享受“向企业法人投资享有的权利”的第一条外，其他权利完全相同

（2）股权的分类

股权分为两种类型：资金股权和经营管理股权。不管哪种股权类型，小公司创始人都必须设计好股权结构。在公司发展过程中，一旦股权谈不拢，就会问题重重。针对这两种类型的股权，在设计股权结构时也有不同的方法。

①资金股权

对于资金股权，小公司创始人在设计股权结构时，要考虑到投资者的不同类型。如果是个人投资则要看投资人的个人特性，如果是机构投资，就要参考价值评估系统。

投资人在选择投资一家公司或者一个项目时，首先考虑的是团队中的人，其次才是项目本身。相应地，小公司创始人也应该从“人”的角度来看待资金投资的钱权比例问题。例如，遇到控制欲强的投资人，创始人想要做到绝对控股可能会有一些难度，而遇到性格豪爽大气的投资人，这方面的担心就比较少了。

总而言之，关于如何分配资金股权，应该尊重投资人的看法。如果实在无法达成一致，小公司创始人可以考虑换一个更适合自己的投资人。

②经营管理股权

经营管理股权对于股权设计来说也是十分重要的，合理分配经营股权的关键在于比例。先定好总的比例，再根据各人在团队中的职能和贡献分配股权。建议小公司创始人在评估股东的职能和贡献之前，先建立一套简单的虚拟股权绩效评价标准。这样既能激励股东，又能避免“拍脑袋”的随意分配。

分配股权时，小公司创始人应做到公平公正，要根据每个人的职责、岗位、技能、创意、贡献等来分配经营股权，不能按主观印象来分配，更不能按人数平均分配。

知道了什么是股权以及股权的分类，接下来，我们通过王宝强的公司股权变更案例来认识股权设计在公司经营中的重要作用。

【股权设计案例】

案例：宝亿嵘股权多次变更，王宝强牢牢掌握公司控制权

2016年，著名演员王宝强的离婚事件闹得沸沸扬扬，当年8月，王宝强发表了一份公开声明并决定与妻子解除婚姻关系。与此同时，夫妻双方的财产纠纷也是愈演愈烈。很多观众都说王宝强“傻”，事实上“傻根”并不“傻”，关于这一点，我们从王宝强公司的股权结构就可窥探一二。

2010年8月20日，北京宝亿嵘影业有限公司成立，公司的主要业务是运营王宝强的演艺事业。公司成立时的股权结构为：马蓉90%，王建永10%。王宝强的名字并未出现在股东名单中，马蓉与王宝强之间明显存在股权代持关系。

2016年3月25日，王宝强加入，成为自然人股东。马蓉手中的股权

转给王宝强和宋喆并退出公司，结束了股权代持。此时的股权结构为：王宝强62%，任晓妍25%，宋喆13%，如表7－2所示。

表7－2　北京宝亿嵘影业有限公司第一次股权变更

变更前		变更后	
姓名/名称	投资人类型	姓名/名称	投资人类型
马蓉	自然人股东	王宝强	自然人股东
王建永	自然人股东	任晓妍	自然人股东
		宋喆	自然人股东

宝亿嵘于2016年4月19日再次进行股权变更：王宝强5%，王宝强设立的持股平台（共青城宝亿嵘投资管理合伙企业）95%。持股平台设立时的结构为：王宝强32.5%、任晓妍31.25%、宋喆31.25%，如表7－3所示。

表7－3　北京宝亿嵘影业有限公司第二次股权变更

<table>
<tr><th colspan="2">变更前</th><th colspan="2">变更后</th></tr>
<tr><td>姓名/名称</td><td>投资人类型</td><td>姓名/名称</td><td>投资人类型</td></tr>
<tr><td>王宝强</td><td>自然人股东</td><td rowspan="2">共青城宝亿嵘投资管理合伙企业（有限合伙）</td><td rowspan="2">法人股东</td></tr>
<tr><td>任晓妍</td><td>自然人股东</td></tr>
<tr><td>宋喆</td><td>自然人股东</td><td>王宝强</td><td>自然人股东</td></tr>
</table>

2016年5月13日，宋喆把自己在持股平台中的份额全部转给了马蓉，股权结构为：王宝强5%，王宝强设立的持股平台（共青城宝亿嵘投资管理合伙企业）95%。持股平台设的占股比例为：王宝强32.5%、任晓妍31.25%、马蓉31.25%，如图7－1所示。

截至2016年8月16日，宝亿嵘100%的控制权全部掌握到了王宝强手中，马蓉仅剩持股平台中31.25%的份额，她虽仍担任宝亿嵘执行董事、法定代表人，但完全没有表决权。

王宝强运用合理的股权结构设计，通过一次次股权变更，牢牢掌握了

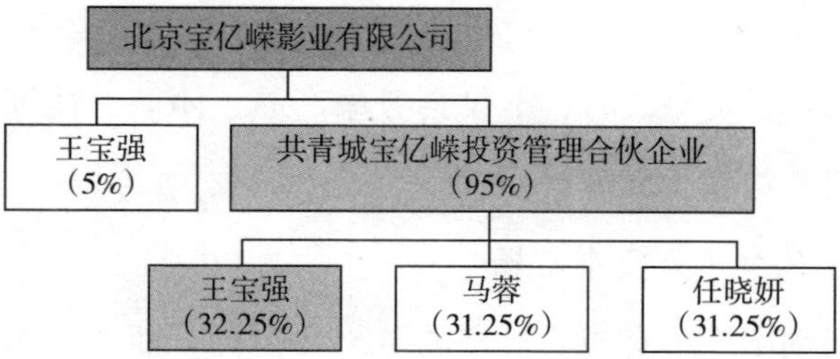

图 7－1　共青城宝亿嵘投资管理合伙企业（有限合伙）股权情况

公司的控制权，为自己赢得了主动权。

【股权设计实操】

从上面的案例，我们知道股权设计是公司的顶层设计。公司的技术或运营出现问题，可以换个模式甚至换人。但是如果公司的股权架构出现问题，则会导致创始人对公司失去控制或出局、合伙人内讧、合伙人与投资人无法进入或者公司决策效率低下等。

对于小公司来说，科学的股权结构设计至少可以解决以下问题。

（1）明确合伙人之间的钱、权、责

合伙做事业讲究情怀和缘分，但归根到底是要追求利益的。而股权结构和股权占比是最能体现合伙人的利益和价值的。

（2）影响公司的控制权

如果公司能通过合理的股权结构设计，形成一个具有核心控股权的股份比例，就能避免很多因控制权产生的争端。

（3）能维持公司内部关系的稳定

公司的合伙人很有可能是创始人的同学、闺蜜、兄弟，大家会觉得一开始就谈钱会伤感情，于是所有人都闭口不谈利益分配，选择先把事情做下去。但是，时间长了，一定会出现问题，所以还不如一开始就设计好股权结构，这样反而有利于维持公司内部关系的稳定。

（4）有利于融资

投资人在选择投资对象时，不仅会考虑产品、团队、情怀，还会格外关注公司的股权结构是否合理。

（5）有利于顺利进入资本市场

每个小公司创始人都有成功上市的梦想和目标，而合理的股权结构是资本市场的基本要求。那么，小公司应该如何科学地设计股权架构呢？有没有一个可以供小公司普遍参考适用的股权架构呢？答案是：没有。

事实上，每家公司的经营状况不尽相同，这里没有适用每一家公司的方法，不过以下股权设计的五大步骤是小公司必须遵循的，如图 7－2 所示。

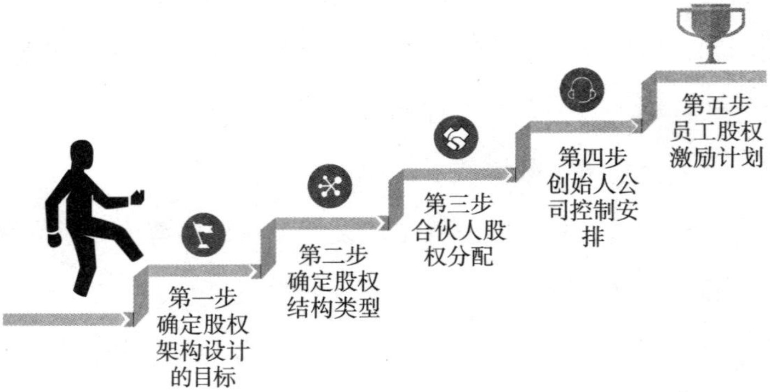

图 7－2　股权设计的五大步骤

◎第一步：确定股权架构设计的目标

小公司要想长久稳健地发展，明确目标是非常重要的。而在股权设计中，明确目标，有利于公司整体的快速发展，而不是个别股东利益最大化。

（1）保证公司创始人的控制权

小公司在进行股权设计时，首先要保证创始人对公司的控制权不旁落。为了确保这一点，小公司在进行股权架构设计的时候，一定要有一个股权占比在 50% 以上的股东，这个人通常是小公司的创始人。创始人作为公司最终的决策者和公司的灵魂，可以保障小公司在遭遇难关时不至于分崩离析。

（2）保证合伙人团队的凝聚力

小公司在进行股权架构设计的时候，还要保证能够凝聚合伙人团队，股权架构的核心是为了把人心凝聚在一起，而不是将公司进行割裂。因此，小公司在进行股权架构设计时，股东人数最好不要超过 4 个。通过缩减初期合伙人的人数，可以保证公司在战略层面的决策权集中于少数人手中。

（3）保证员工可以共享利益

通过股权合伙对员工进行激励的核心目的，就是把员工变成公司利益的直接受益者。通过让员工持有公司股份的方式，让员工觉得自己也是公司的主人，进而激发员工的工作热情。一家公司是没有办法仅仅依靠创始人和合伙人而发展的，因此小公司在进行股权架构设计时，也要保证全体员工利益共享，成为利益共同体。

（4）留下投资者进入的空间

在当前的市场环境下，资本对于小公司的助力作用越来越大。因此，小公司在进行股权架构的时候也应该做出一些设计，给外部资本的进入留出一些空间。既不能让外部资本动摇核心大股东对公司的掌控权，也不能让外部资本想要投资却无从下手。

◎第二步：确定股权结构类型

通常来说，小公司常用的股权结构类型有以下几种。

（1）一元股权结构

这种股权结构是指股权比例、表决权（投票权）和分红权统一。在这种股权结构下，所有股东的权利都是由股权比例决定的。一元股权结构是最简单的股权结构，这种股权结构最容易出现的问题是造成公司僵局。

在这种股权结构中存在四个节点：第一个节点是一方股东持有出资比例达到33.4%以上；第二个节点是有两位股东且双方出资比例分别为51%和49%；第三个节点是一方出资比例超过66.7%；第四个节点是有两个股东且各方出资比例均为50%。

第三个节点意味着一方的表决权比例已经高达2/3以上，对公司的任何事项都可以单方面达成决议。其他的三个节点都非常容易形成僵持局面，其中第四种是最糟糕的，意味着公司作出任何决议都必须由双方一致同意才算有效。

（2）二元股权结构

这种股权结构是指股权比例、表决权（投票权）、分红权之间的比例不等。通过这样的股权结构，能够对股东的权利进行分离。根据《中华人民共和国公司法》规定，有限公司章程可以约定同股不同权。而在股份公司内，只有不同类别的股票才能这样设计，因为同类股票的权利应该是一致的。这种股权结构，适合那些需要将分红权与表决权（投票权）分开的情况。

（3）“4×4”股权结构

这种股权结构是在二元股权架构的基础上，把公司的股东分为四个类型：创始人、合伙人、员工和投资人，并针对他们的权利进行整体性的设计和安排。“4×4”是比喻汽车的四轮四驱。因为每一家公司就像一辆车，每个行业就像一个赛道，而小公司创始人就是驾驶这辆车的赛车手。经营公司，从本质上来说就是进行一场比赛，小公司创始人必须要选好赛车。“4×4”股权结构就像一辆性能好、动力足又能克服困难的四驱赛车。

◎第三步：合伙人股权分配

进行合伙人股权分配前，要先区分股权、期权和限制性股权。

股权能带给技术合伙人较高的参与感和心理安全感，一般适用于联合创始人或者创业合伙人。

期权不是股权，但经历成熟期和行权之后，期权就会变成股权。对技术合伙人来说，期权的参与感和心理安全感较低，一般适用于非核心团队的普通员工。

限制性股权与期权相反，它是先发放股权，如果发现不合适可以再收回。期权是先不发放股权，符合条件后再兑现。

合伙人股权分配是小公司股权合伙的重中之重，关于具体的分配方法，我们将在下一章详细讲述，这里不再赘述。

◎第四步：创始人公司控制安排

小公司创始人要把握公司的控制权，最简单的方法就是控股。公司初始股权结构设计的重中之重就是创始人的持股比例。创始人控股的持股比例有以下几种。

1 绝对控制（2/3 以上）。

2 相对控制（51% 及以下）。

3 消极控制（34% 及以下）。

不过，还有一些不控股也能控制公司的方式，如投票委托权、一致行动人协议、有限合伙、AB 股计划等。京东在上市前用的是投票委托权，上市后采用 AB 股，创始人刘强东股权被稀释后也能掌握公司的控制权。

关于创始人控制权的问题，我们在下面的章节也有详细讲述，这里只作指引。

◎第五步：员工股权激励计划

股权激励是用股权收益来计量员工收益，通过股权把员工收益和企业效益联系起来，以此来激发员工的工作动力，提升企业长期价值。股权激励的最大好处就是把员工利益、企业利益和股东利益绑在一起，有利于增强员工的稳定性，营造员工之间的和谐氛围，让公司能够得到长远的发展。

关于员工股权激励计划的问题，我们在下面的章节也有详细讲述，这里只作指引。

总之，做了股权设计就能实现股权的倍增，小公司可以借助股权设计去吸引促进公司发展的各个核心要素，包括优秀的人才、优质的渠道、关键的资源、长期的智囊、充裕的资金等等，为己所用，实现人生理想。

7.2

小公司股权架构如何设计更易获得投资人青睐

【股权设计看点】

资金对小公司的重要性，就犹如血液对人体的重要性，是公司的命脉。小公司想要做大做强，除了需要给力的合伙人，还需要资本投资让自己的血液更流畅，运作更顺利。

影响小公司融资的因素有很多，其中起到决定性作用的就是股权结构。投资界有种说法，“投资就是投股权结构”。可见，科学合理的股权结构，不仅有利于吸引人才，还有利于公司获得投资人的青睐。

笔者根据近几年投融资的经验和对近百家小公司股权设计的指导和辅助，发现以下几种股权结构会对小公司融资产生负面影响，如图7－3所示。

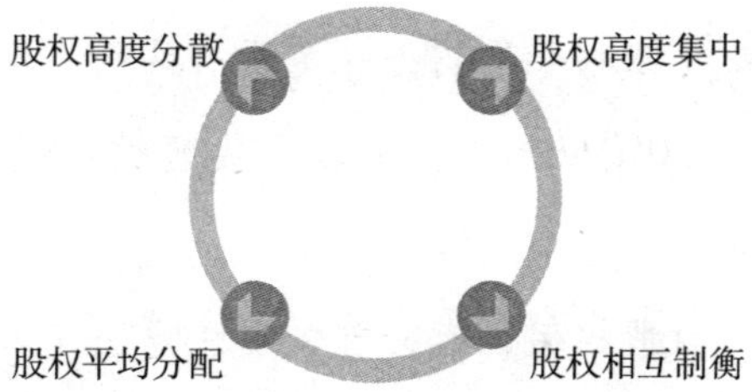

图7－3　影响小公司股权融资的四大股权结构

小公司可以对照参考，看看自己公司的股权结构是不是在这四种结构之内。如果你不幸“中招”，就要赶紧调转方向了。至于“破局”的具体方法，后面的章节会详细分析。

下面来看一看小公司的股权架构到底应该如何设计，才能让投资人眼前一亮呢？在这方面，我们分析一下著名投资人徐小平这些年的投资经验，看看有什么发现。

【股权设计案例】

案例：从徐小平的投资看小公司如何设计吸引投资人的股权架构

徐小平是最懂小公司股权架构的投资人，笔者通过对真格基金曾经的投资信息进行数据分析，得出了以下结论，希望对大家有参考价值。

（1）创始人持股比例分布

从图7－4可知，作为一家需要融资的小公司，创始人的股权占比在67%以上的公司占调查总数的40%，创始人股权占比在34%以下的公司只占5%。作为一家想融资的公司，创始人是否拥有对公司的控制权，是投资人比较看重的参考项。当然也存在例外情况，有的公司股权五五分，也有投资人愿意投。

（2）股东股权占比

小公司股权分配不要过于平均，一定要有区别。作为合伙团队的二股东，股权比例应该在10%以上，但一般不要超过40%，最普遍的情况是占比10%～20%。

另外，小公司进行股权架构时，首先要注意股东人数不宜过多，否则就会出现股权过于分散，无法均衡的问题。其次，合伙人股权占比在10%以上是比较合理的。

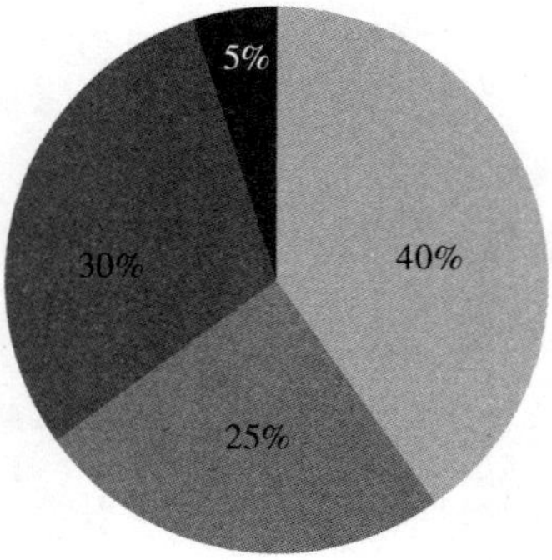

图7-4　创始人持股比例分布

（3）是否设立持股平台

小公司在进行融资时常常会考虑要不要设立持股平台？什么时候设立持股平台？通过对数据的分析可知，没有设立持股平台的公司占了87%，如图7-5所示。

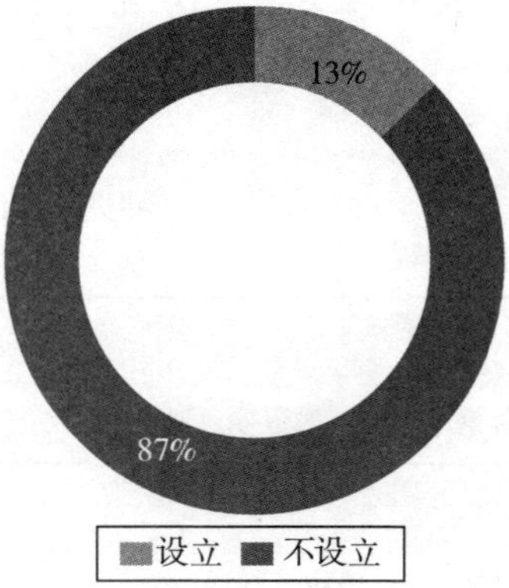

图7-5　设立持股平台占比

由此，可以得出结论，小公司在进行初期融资时不需要成立持股平台。当然，如果你的创始团队人数较多，设立持股平台有利于后期的股权安排和设置。

【股权设计实操】

从徐小平的投资案例可以看出，一个科学合理的股权结构有利于公司吸引投资人，推动公司迅速做大做强。那么，小公司在进行股权设计时应该思考哪些问题呢？笔者总结为以下两点，供小公司创始人参考。

①投资人最看重公司股权结构中的哪些要素？

②如何防止大权旁落？

接下来，我们就从这两个问题出发，看看小公司如何设计股权结构，更容易获得投资人的青睐。

◎投资人最看重小公司股权结构中的哪些要素

小公司想获得投资人的垂青，在设计股权结构时，一定要知道投资人喜欢什么。通常，投资人会从以下三个方面对小公司的股权结构进行考察，如图 7 –6 所示。

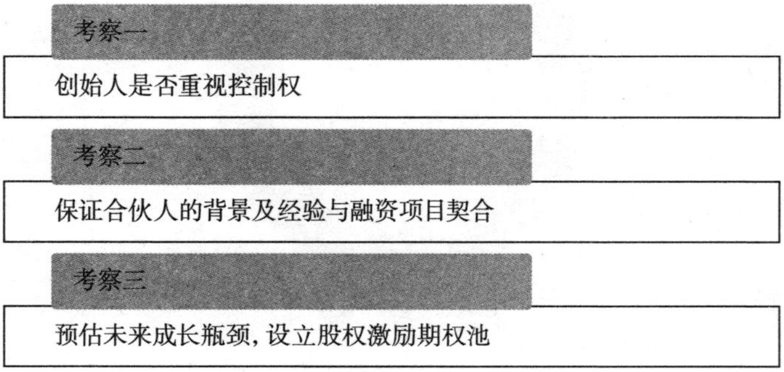

图 7 –6　投资人最看重小公司股权结构的三个要素

（1）创始人是否重视控制权

投资人从小公司的“商业计划书”中，就能看出创始人是否重视公司的控制权。因此，小公司在进行股权结构设计时，创始人一定要处在绝对控股和相对控股的地位。

（2）保证合伙人的背景及经验与融资项目契合

如今，“单打独斗”注定会被市场淘汰，在“合伙打天下”的时代，小公司一定要突出“合伙人”的股权。例如，游戏公司的核心股东是技术人员还是市场营销人员？合伙人的持股比例直接反映这个团队的发展方向。

因此，小公司进行股权结构设计时，一定要根据公司的特点和主营业务，科学合理地评估每个合伙人的定位和贡献，保证他们的能力和股权是匹配的。

（3）预估未来成长瓶颈，设立股权激励期权池

如果你的股权结构中设计有期权池，那么在投资人眼里，你就是一个对未来有预判、有规划的创始人，你的股权结构在投资人眼里就是科学、合理的；如果你没有预留期权池，当公司后期加入新的合伙人，或者对重要员工进行股权激励时，公司的原始股份就会被稀释，这不利于公司未来的发展，投资人也不看好这样的公司。

因此，小公司在进行股权设计时，应该预留 10% ~20% 作为期权池。董事会按照员工对公司的贡献大小，决定发放数量。

◎如何防止大权旁落？

创始人如果失去了对公司的控制权，后果不堪设想。因此，小公司在进行股权设计时，一定要保证创始人的控股权。创始人只有把控制权牢牢掌握在手中，才能维护公司的稳定，保护公司利益不受损害。实际上，大部分创始人成立公司的初衷，都是要实现自己的伟大理想。但是，投资人却不会在乎你的伟大抱负，他们投资，只是为了赚钱。

正是因为这个原因，投资人给你钱时，也会提出一些条件，如图7 – 7所示。

就拿回购股来说，当公司的盈利达不到合约规定时，创始人就要连本

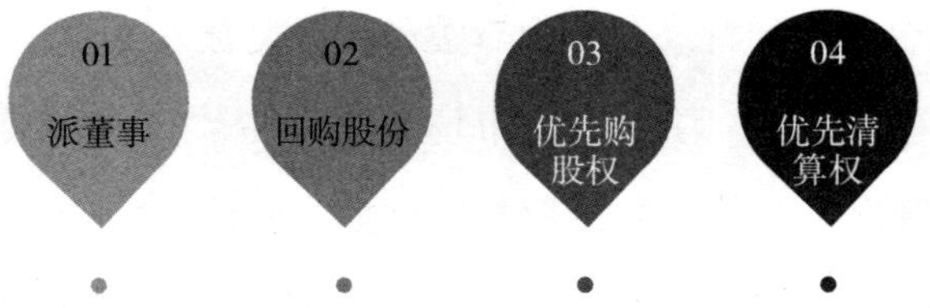

图 7－7　投资人经常会提出的四项对控股有影响的权利

带利回购股份。这一点，无疑是让小公司签了“卖身契”，很可能自己辛辛苦苦做出来的成绩，就这样付之东流了。

2017 年，人人车以 2 亿美元的投资被滴滴出行收购了控股权。虽然人人车背靠滴滴这棵大树好乘凉，应该能够一改之前衰退的局面。但是参照易到与乐视的案例，人人车就不会这么开心了。

可以说，小公司的控制权一旦被投资方掌握，必定会沦为投资方的“牵线木偶”，很难保持初心了。对于创始人而言，公司就像自己的孩子，谁愿意自己的孩子被别人控制呢？因此，小公司万万不能因为想拿到投资而出让创始人的控制权。

对于小公司如何进行股权融资，可以为大家提出两点建议。

（1）保持绝对的控股权

在融资时，小公司应该能把握绝对控制权，而不是相对控制权。如果投资人始终不退让，建议小公司放弃融资，或者干脆把公司转让，自己另立门户。

（2）分段融资，将股权逐步摊薄

所谓分段融资，就是把股权逐步摊薄，这个方法对小公司来说是最有效的取得绝对控股权的途径。如果小公司融资的项目有很大的上升空间，那么只需要融资一次，就能实现股权的溢价和升值。

诚然，上述建议并不适合所有公司。小公司在进行融资时，也要根据实际情况进行取舍。如果你的公司有很强大的技术背景，那么在融资的过程中，你就有讲话的底气，占据主导地位，投资方无论如何都不会得逞。但是，如果你的公司在技术和知识产权上没有任何优势，那么，你一味地坚持，只会把投资人推得越来越远。

7.3

2 ~5 人合伙，如何设计股权架构

【股权设计看点】

小公司在融资前，是最容易产生矛盾与纠纷的阶段。通过前面两节的学习，这时你的公司股权架构雏形已经形成，接下来，就要涉及具体的合伙人架构设计，2 人合伙、3 人合伙、4 人合伙该如何设计股权架构。

在本书的第 2 章，我们说到对于小公司来说，2 ~5 个合伙人最好。那么，下面将结合具体的合伙人数来说说具体的架构设计。

【股权设计案例】

案例：3 人合伙，股权之争带来的灾难

2013 年，李磊和自己的两个哥哥李明、李迅在丽江合伙开了一家民宿，每人出资 15 万元，当时 3 人的股权设计如图 7 –8 所示。

基于这样的股权设计，一开始李磊掌握着公司的主导权，负责全盘运营；大哥李明负责业务扩展、扩大经营；二哥李迅则负责日常接待。

经过两年的协力打拼，生意日渐红火，他们又先后在大理、昆明开了两家民宿，这时负责扩展业务的李明在公司中的地位越来越重要，从 2015 年开始，“阳光民宿” 的主导权渐渐从李磊手中转移到大哥李明手中。

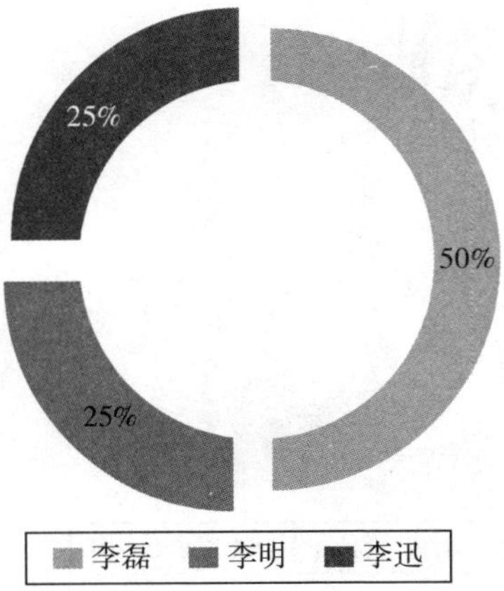

图 7 –8　“阳光民宿”成立之初股权设计

2015 年底，李迅一家移居新加坡，将手中所持的 25% 的股权转给了大哥李明。

2017 年，“阳光民宿”在一款社交软件上名声大噪，成为了一家备受推崇的“网红民宿”，发展势头强劲，因此吸引到了投资公司的青睐，最终获得 2 家公司共计 800 万元的投资。几位股东策划开办连锁店，计划将“阳光民宿”推广到全国各大旅游古镇。

此时，“阳光民宿”合伙人之间的股权设计如图 7 –9 所示：

“天下熙熙，皆为利来；天下攘攘，皆为利往。”可以说，这两家投资公司之所以选择了“阳光民宿”，很大原因还是看中了李明的业务能力。因此在之后的股东会和董事会上，投资公司通常选择支持李明，而李磊作为“阳光民宿”的创始人，地位逐渐被边缘化。

李磊意识到这一点之后，感到强烈不满，于是控诉大哥李明恶意侵占。昔日的手足情谊消失殆尽，随着兄弟二人的纷争不断，原本计划大力扩张的“阳光民宿”就此止步。

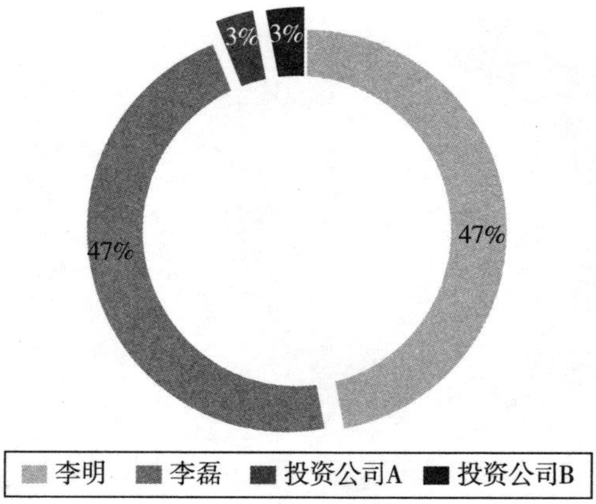

图 7－9　2017 年底“阳光民宿”股权设计

【股权设计实操】

李磊和李明这种家族合伙在小公司里其实非常多见，也有很多人在失败之后总结：不要与家人合伙、不要与朋友合伙。但其实，“阳光民宿”遭遇挫败的真正原因，并不在于兄弟合伙，而是一开始平均分配股权的架构设计。

3 人合伙，平均分配股权，是股权架构设计的大忌，尤其是小公司，合伙人之间一开始顾忌情面，大搞平均主义，之后在经营过程中，有的合伙人贡献多，有的合伙人则贡献少，这样一来矛盾就出现了，从而影响公司的发展。

下面将根据合伙人数的不同，具体说说基本的股权架构设计方法。

◎两人合伙，如何设计股权架构

两人合伙在小公司中最为常见，股权设计也相对简单。

（1）一般情况下，两人合伙

一般情况下，两人合伙较合理的股权设计比例如图 7－10 所示。

（2）特殊情况下，对两人合伙股权设计的建议

图 7－11 中的两种股权设计只在一般情况下适用，而实际上很多时候

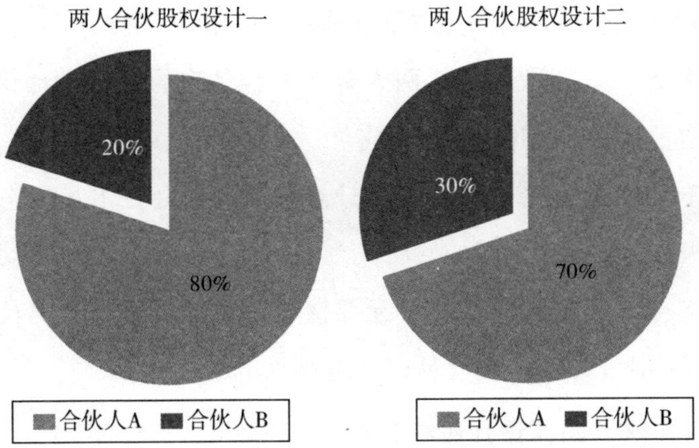

图 7－10　一般情况下，两人合伙较合理的股权设计比例

情况会复杂得多。

例如，一个合伙人能力强、另一个合伙人能力弱，股权设计则应该遵循“能力强占大股，能力弱占小股”的原则。

又如，一个合伙人全职，而另一个合伙人兼职，股权设计应该遵循“全职的合伙投小钱占大股，兼职的合伙人投大钱占小股”的原则。

还需要注意的是，创始人应该享有绝对控股权。

（3）合伙人为夫妻关系

夫妻合伙在小公司中是最为常见的。《婚姻法》规定夫妻合伙开办的公司，属于夫妻共同财产。因此许多夫妻合开的小公司会平均分配股权，至于平分股权，我们前文已经提到过它的弊端，此处就不再赘述了。

较为合理的做法是：首先对分红权和表决权进行割离，然后按照“分红权各占 50%，谁承担的责任更大谁带头，谁就拥有 100% 的表决权”这一原则来进行股权设计。

夫妻合伙还应特别注意，当公司做大做强之后，其中一方要懂得退让，慢慢淡出，这样才能实现家庭和事业的双丰收。

（4）两个人合伙需要规避以下几种常见的错误分配

①50%∶50%。股权平分是两人合伙最容易犯的股权设计错误，在前文的内容中，我们已经论述了其危害。

②90%∶10%。两个人的股权设计悬殊太大，会打击小股东为公司作贡献的积极性，不利于公司的发展。

③51%∶49%。这种典型的“兄弟情谊”式股权设计让两位合伙人都说了算，又都说了不算，也容易把公司做死。

◎3 人合伙，如何设计股权架构

当小公司的合伙人为 3 人的时候，最为合理的股权设计如图 7－11 所示。即其他两位股东的股份之和应小于大股东所持的股份。

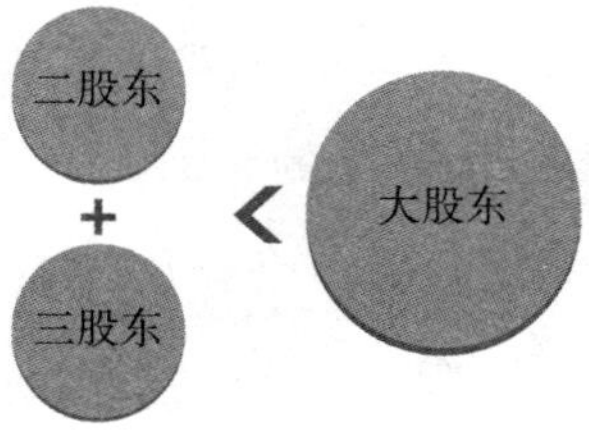

图 7－11　3 人合伙最合理的股权设计比例

3 人合伙需要规避的常见错误分配：

（1）33.4%∶33.3%∶33.3%

平分股权导致股权与贡献的不匹配，从而引发股权之争。

（2）48%∶47%∶5%

两大股东势均力敌，小股东则有了利用自己的股份制衡大股东的机会，从而妨碍公司的稳定。

（3）40%∶40%∶20%

这种配比在小公司中十分常见，最大的弊端与错误和（2）中所述一样，三股东绑架大股东与二股东。

（4）95%：3%：2%

合伙人之间股权悬殊过大，不能形成制衡，而且一方独大就基本上失去了合伙的意义。

◎4 人合伙，如何设计股权架构

对于小公司而言，4 人合伙是最不稳定的，一旦股权设计不合理，就容易产生大股东被小股东绑架的局面。4 人合伙与 3 人合伙的股权设计原则类似，如图 7－12 所示。

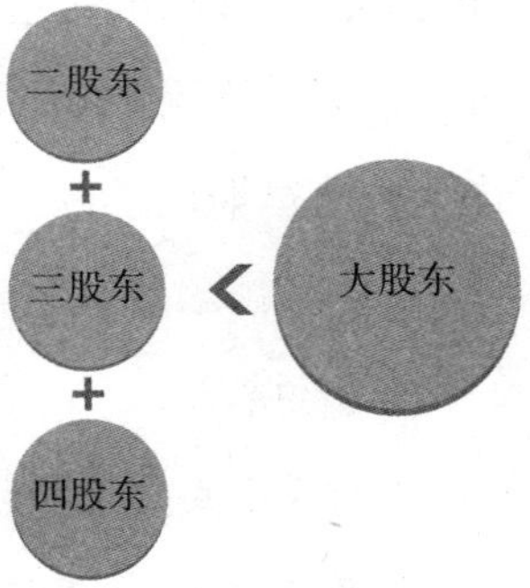

图 7－12　4 人合伙最合理的股权设计比例

4 人合伙需要规避的两种常见错误股权设计如下。

（1）25%：25%：25%：25%

这是前文提到的应该杜绝的平均分配。

（2）35%：18%：18%：29%

博弈型分配方案，这种情况下大家合作起来是非常吃力不讨好的，容易产生矛盾。

◎5 人合伙，如何设计股权架构

我们通过一个案例来看看 5 人合伙，股权架构如何设计才合理？毛二、张三、李四、王五、赵六 5 人合伙创立了一家互联网公司 A，注册资本为 100 万元，出资情况与股权架构如表 7－4 所示。

表 7-4　A 公司的股东出资与股权架构

内容股东	工作性质	出资	股份比例	是否参与经营
毛二	全职	40 万元	40%	是
张三	全职	5 万元	5%	是
李四	全职	5 万元	5%	是
王五	兼职	10 万元	10%	是
赵六	投资人	40 万元	40%	否

创始人毛二对 A 公司的几位合伙人都很满意，但是对于如何设计股权架构感到十分困惑，担心日后会因为股权问题引发矛盾，影响公司的长期发展。当他来请教笔者的时候，笔者请他思考并回答如下问题。

①谁是核心大股东？这个团队里谁说了算？可以同股不同权吗？可以同股不同利吗？

②怎样才能调动股东们的积极性？

③3 位全职参与经营的合伙人要不要拿工资以及提成和奖金？

④如果公司经营不善，之后重新出资应该按什么比例？不出资的人怎么处理？如果一年内有人要求退伙，又该怎么办？

之后，我和 A 公司的 5 位合伙人沟通协商之后，确定落地的方案如下：首先，确定了毛二、张三、李四为公司经营管理层，王五、赵六则为投资人。按照同股不同权、同股不同利的原则，制定了分红规则，其中分红采取累进提成法，如表 7-5 所示。

表 7-5　A 公司分红规则

可分红的净利润	经营管理层的分红比例	投资人的分红比例
35 万元以下	30%	70%
35 万（含）~50 万元	40%	60%
50 万（含）~70 万元	50%	50%
70 万（含）~90 万元	60%	40%
90 万元（含）以上	70%	30%

然后，进行了分红的估算：

假如 2017 年该公司的净利润为 60 万元，可分红利润为 42 万元，那么管理层分红为 13.3 万元（35 万元 ×30% +7 万元 ×40%），投资人分红为 28.7 万元（35 万元 ×70% +7 万元 ×60%），其中投资人赵六可得分红为 11.48 万元（28.7 万元 ×40%）。

假如 2018 年该公司净利润为 80 万元，可分红利润为 56 万元，那么经营管理层分红为 19 万元（35 万元 ×30% +15 万元 ×40% +5 万元 ×50%），投资人分红为 36.5 万元（35 万元 ×70% +15 万元 ×60% +6 万元 ×50%），其中投资人赵六可分红为 14.6 万元（36.5 万元 ×40%）。

在这个案例中，毛二、张三、李四全职经营公司，出钱又出力，而王五和赵六只出钱不参与经营管理，享受分红。

经过两年时间的发展，该公司的投资人分红由 28.7 万元增加到 36.5 万元，数值表面上变化并不大，但年投资回报率却超过 30%，相比目前市场上一般投资项目不超过 12% 的回报率，这个数字已经相当高了。同时，以毛二为主的公司管理层分红由 13.3 万元增加到 19.5 万元，增幅达到 46.6%，充分证明这套股权设计方案非常合理，能够有效激励管理层努力经营公司、创造利润。

如果你的公司也是 5 人合伙，那么也可以参照这样的股权设计方案。5 人合伙股权设计的“54321”原则，如图 7 – 13 所示。

同样来说说 5 人合伙需要规避的两种常见的错误股权分配。

（1）1 >2 +3 +4 +5

大股东的股权高于其他合伙人股权之和，这种情况相当于是大股东独裁，如果大股东决策失误，公司将面临灭顶之灾。

（2）1 <2 +3 +4 +5

大股东的股权低于其他合伙人股权之和，则又容易导致大股东被

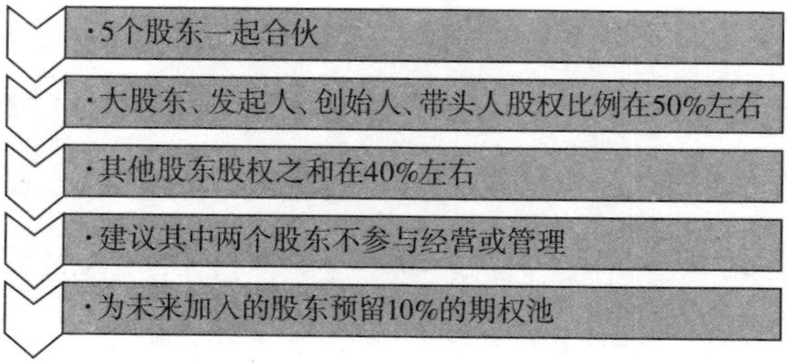

图7－13　5人合伙股权设计

架空。

以上介绍的5种小公司股权设计方法，希望可以在实际操作中帮助大家。在此也得出结论：股权设计并没有严格的标准，只有真正适合每个公司自身的股权架构才能行之有效，也只有每位合伙人都满意的股权设计才能使公司长久发展。

第8章

股权分配：

如何避免合伙人股权分配的四大死局

股权分配，即所谓“切蛋糕”，复杂、微妙且考验技术。它不仅可能会对重要的合伙关系造成不可修复的损害，也可能将一次创业良机扼杀于萌芽中。要了解怎样“切蛋糕”，先得对“切蛋糕”的错误方式有所知晓，然后破局而出，建立一套动态的股权分配机制。

8.1

第一大死局：股权比例不合理

【股权设计看点】

小公司股权分配的第一大死局，就是股权分配比例不合理。这主要表现在以下三个方面。

（1）股权平分

所谓股权平分，就是合伙人的股份是平均的。例如，两个人合伙，股权比例为50%∶50%；三个人合伙，股权比例为33.3%∶33.3%∶33.3%。

平分式的股权分配对小公司主要有以下两大弊端。

①不利于融资。股权平分式的股权分配会让投资人产生顾虑，投资人会认为在这样的股权结构下，公司在决策环节会消耗大量成本，哪怕公司的团队、产品和商业模式再优秀，投资人也不会选择投资。

②决策意见不统一，容易出现矛盾。股权平分式的股权分配会导致公司的重大决策都无法达成一致意见，根本无法形成合法、有效的股东会决议。

（2）股权高度集中

股权高度集中相当于一股独大，公司创始人持有超过50%的股权，或者夫妻二人拥有的股份加起来是100%。而且创始人对公司具有绝对的控制权和话语权。

从表面上看来，这种股权结构有利于统一意见，快速决策，但实际上这种股权结构会让公司变成“一言堂”。股权高度集中既违背了现代公司的经营理念，也为公司未来的发展埋下了隐患。

下面三种股权分配形式非常容易产生“股权高度集中”的现象，小公司合伙人需要警惕。

①唯一股东。就是小公司创始人拥有公司100%的股份。这样的股权分配比例，看似是创始人完全掌控了公司，成为公司绝对的控制者，所有人都是在为创始人打工。但是，事实说明：公司是谁的，谁就去操心。既然小公司创始人持有100%的股权，那么公司就是他一个人的，不会有人替他操心。创始人就只有不操心的员工，而没有为他分忧解难的合伙人，这样的公司，当然发展不起来。

②妻股东。很多小公司在创始之初都是夫妻俩共同打拼，丈夫和妻子都是公司的大股东。夫妻股东管理公司时，比较容易达成一致意见，也有利于创始人掌握公司的控制权。但是，夫妻双方作为公司大股东会给公司的经营埋下很大的隐患。

首先，在夫妻担任大股东的公司中容易出现公私不分、财产混同、公司法人人格被否定等法律风险；其次，夫妻双方感情和事业混在一起，夫妻感情一旦破裂，就会爆发股权和控制权争夺战；最后，很多夫妻股东之间财产划分不清，双方的真正持股比例也不清晰，很容易发生争端。

总之，夫妻股东带来的隐患不爆发则已，一旦爆发就会为公司带来非常严重的后果。

③家族成员挂名股东。有的小公司创始人喜欢让自己的家族成员当公司的挂名股东，但这些家族成员挂名股东并没有实际出资，也不参与公司的管理。也就是说，挂名股东所占有的股权实际上也归创始人控制。

小公司创始人这样做，无非是想通过这种方法掌握公司的控制权，这种股权分配看似分散，但公司实际上仍然是“一言堂”。而且，一旦发生家庭矛盾，或者挂名股东插手公司事务时，合伙人之间就会产生经济纠纷、法律纠纷。

（3）相互制衡型

相互制衡型的股权结构，是指公司内部不止有一个大股东，还有其他大股东，股权之间相互形成牵制关系。

业内关于制衡型股权结构没有统一的看法，有的人觉得好，有的人觉得是个隐患。觉得好是因为股东之间相互制衡，减少了公司的决策风险；觉得有隐患是因为公司内部会因此降低执行力，不易进行股权融资。

暴风科技就是个典型的案例。截至目前，暴风科技的股权结构如图 8－1所示。

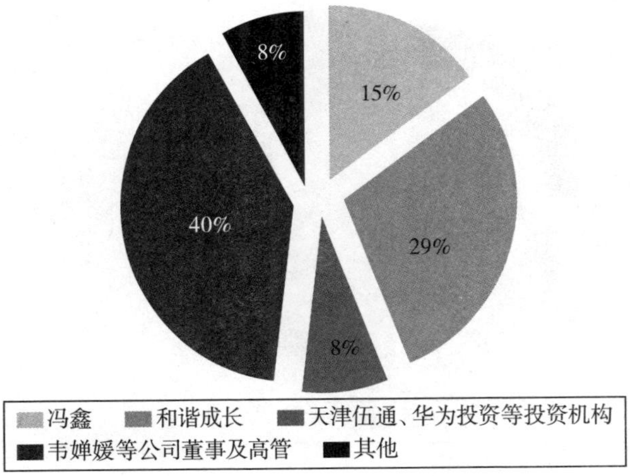

图 8－1　暴风科技的股权结构

从图 8－1 中可以看出：创始人冯鑫是大股东。但是从股权结构上来看，冯鑫和天津伍通、华为投资等投资机构形成了相互制约的关系。

以上三大方面就是小公司常见的股权分配比例不合理的死局。这样的股权分配对小公司和创始人来说都是弊大于利的。从创始人的角度来说，公司经营不顺，会使自身经济利益受损，创始人在公司称霸，合伙人的利益得不到保障；从公司的角度来说，后期发展会受阻，甚至会出现公司停止运营和倒闭的危险。

所以，在小公司合伙初期，一定要避免以上股权分配的死局。

【股权设计案例】

案例：股权分配不合理，合伙人分道扬镳

杰克和柳强合伙成立了一家新媒体公司，他们的原创视频在某门户网站的播放量达到了5000多万次，微信公众号粉丝突破20万。但是，这样一家前途无限光明的公司，却因为合伙人股权纠纷而散伙。

究其原因，是因为在合伙之初，两人的股权分配如图8－2所示。

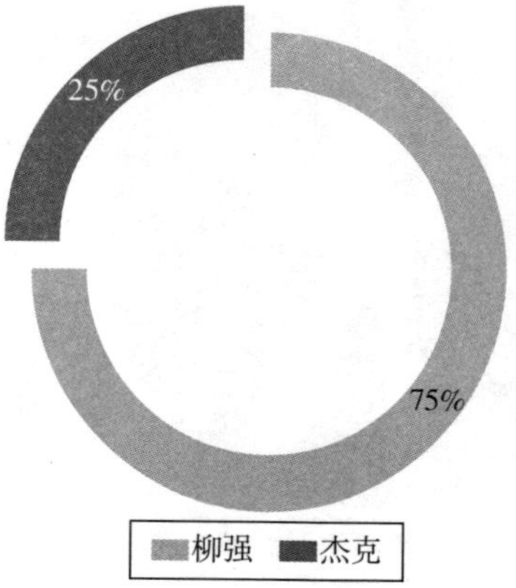

图8－2　新媒体公司股权分配比例

通过图8－2可以清晰地看出这家公司的股权分配就是上面我们所说的“股权高度集中”。这样的股权分配，使柳强对公司有绝对的话语权，而作为合伙人的杰克只是一个小股东。这对杰克来说不像是合伙，更像是打工，他心里自然会不平衡，和柳强分道扬镳也成为必然。

【股权设计实操】

所谓“知错能改，善莫大焉”，知道了股权分配不合理的死局，很多小公司难免会陷入“弃之可惜，食之无味”的两难境地：我们在合伙之初，已经形成了这种不合理的股权分配比例。如今，贸然再对股权比例进行调整会很困难，容易引发合伙人之间的矛盾。但是，如果不调整的话，这样的股权分配比例又会给公司经营带来严重的影响。此时，应该如何破局呢？

小公司创始人可以用下面几种方法破解“股权比例不合理”的死局，如图 8－3 所示。

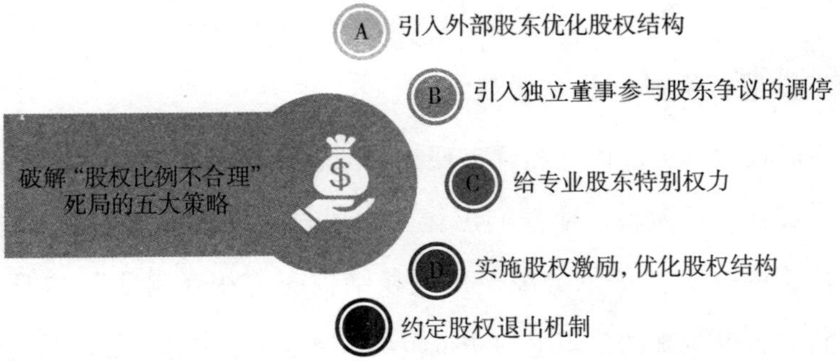

图 8－3　破解“股权比例不合理”死局的五大策略

◎引入外部股东优化股权结构

由于股权分配不合理，有的公司已经成为“一言堂”。在内部人的控制下，在公司的管理中存在不透明、不规范的现象。所以，引进外部股东，让外部股东参与到公司的管理和决策中来，帮助公司改善财务体系、管理理念、组织结构等。让外部新股东起到优化股权结构，为公司注入新鲜血液的作用，让公司回到良性发展的轨道上。

◎引入独立董事参与股东争议的调停

所谓的独立董事就是合伙人之间发生意见分歧，并僵持不下时，出面调停的中间人。独立董事一般都由行业内有较高声望的专业人士，或者双方都信任的人担任。

除此之外，独立董事必须与双方都不存在利害关系。引入独立董事，可以有效化解合伙人之间的僵持状态，并为公司决策提供意见和依据。

◎给专业股东特别权力

在分配股权时，可以给专业技术型合伙人一些特别权力，以此来减少争议。例如，某位合伙人负责公司某项专业事务，他提出方案后，其余合伙人如果没有异议，就由该合伙人负责执行；其余合伙人如果有异议，但公司 CEO 或执行董事不投反对票，该合伙人仍然可以继续执行方案。

◎实施股权激励，优化股权结构

实施股权激励可以优化和调整现有的股权结构，通过对公司中高层和普通员工实施股权激励，使他们出让公司股权，可以稀释大股东的股权。让“高度集中”和“平均分配”的股权结构向“相互制衡”的股权结构转变。同时，也能激励公司里的一批精英人才，共同把公司做大做强。

◎约定股权退出机制

当不合理的股权分配导致合伙人之间的矛盾激化，并且难以调和，通过多次股东会都无法达成决议时，一方合伙人可以选择以合理的条件退出。事先约定好股权退出机制，有助于和平解决争端，无论对股东，还是对公司都有好处。合伙人可以降低博弈成本，公司也可以减少内耗。

总而言之，小公司在分配股权时一定要避免“股权平分”“股权过于集中”和“股权相互制衡”，如果在公司发展初期已经形成了这种模式，那么在后期也一定要想办法调整过来，不要让不合理的股权分配成为公司未来发展之路上的“拦路虎”。

8.2

第二大死局：股东众多

【股权设计看点】

“股东众多”是小公司股权分配的第二大死局。所谓股东众多，说的是小公司创始人为了聚集更多的资源和人脉，会通过股权众筹的形式让公司拥有几十个股东。还有的小公司创始人会把自己的亲朋好友都拉进公司做股东，这两种情况都会造成“股东众多”的局面。

在前面的内容中我们说过“高度集中”的股权分配有很多弊端，股东众多、过度分散的股权分配也问题重重。从“高度集中、平均分配”到“股东众多、股权过度分散”，是从一个极端走到了另一个极端。

股东众多会给小公司带来很多隐患。这样的股权分配方式，乍一看股东之间可以相互制衡，但实际上因为大量小股东的存在，让公司的各项决策变得异常复杂，股东之间的博弈会造成大量内耗，股东之间的纠纷甚至还会影响公司的运营。具体来说，股东众多会对小公司造成以下三个方面的危害，如图8－4所示。

（1）小股东“搭便车”

由于股东众多，就会出现很多拿股份少的合伙人，他们会产生“搭便车”的心理。这些合伙人会认为，公司实际上是属于创始人的，公司亏损

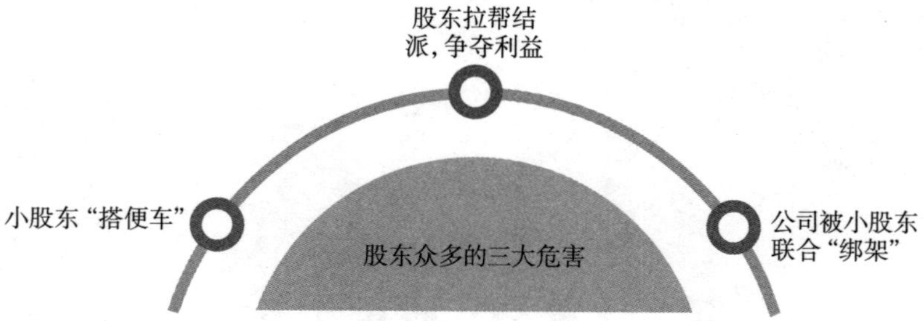

图 8-4　“股东众多”的三大危害

了也是他们亏得更多，公司挣了钱，自己分得也很少。所以，在公司的管理和决策中，这些合伙人的态度会非常消极，不愿意花时间和精力去关心公司的发展，而是把希望寄托在创始人身上，自己只等着分钱。

（2）股东拉帮结派，争夺利益

有的小公司创始人喜欢加入一些平台或协会，集结一批合伙人共同创业。公司合伙人众多，也没有上下级之分，刚开始大家都会对公司事务充满热情，彼此间也很信任。所有合伙人都愿意抱团取暖，一致对外。但是时间一长，问题就慢慢浮出水面，合伙人之间没有上下级之分，持有的股权也差不多，从而导致“群龙无首”。

这种情况还会导致合伙人之间拉帮结派，当公司在决策上出现分歧时，合伙人内部会进行权力的博弈，导致局面僵持，迟迟无法形成有效的决策。当公司遇到困难时，占股份小的合伙人不但不会共同支持公司，反而会各自为战，争夺利益。

（3）公司被小股东联合“绑架”

一般来说，公司的重大事项需要股东们投票进行表决，如制定公司章程，或者人事罢免等。而股东的股权比例会影响表决结果。在股东众多的情况下，小股东的持股虽然不多，但是他们可以仗着人多势众，在表决时联合起来，用股权占比的优势来“绑架公司”，让公司决议无法通过，给公司的正常经营制造障碍。

鉴于以上危害，小公司在进行股权分配时，不要陷入“股东众多”的死局。下面的案例中，志明的众筹咖啡馆就因为股东众多，陷入了不断的麻烦中。

【股权设计案例】

案例：股东众多，僵持不下，咖啡馆前途不明

2017 年 3 月，志明发起了一家众筹咖啡馆，响应并加入的股东共有 20 多位，咖啡馆成功地在深圳罗湖区的商业圈开业了。踌躇满志的志明希望自己能把咖啡馆做成连锁品牌，并把经营咖啡馆当成了终身事业。然而，不到两年的时间，曾经让志明引以为豪的咖啡馆，就成为了他的沉重负担。

咖啡馆开业之初，志明想以品质和价格取胜。于是，他聘请了专业的咖啡师来提升咖啡的口感，并且投入资金打造店内环境，但是这些措施都没能给咖啡馆带来大量的客流。咖啡馆的盈利不多，成本却居高不下，这让咖啡馆的其他股东们产生了不满。

志明通过市场调研，发现单纯地卖咖啡并不能让咖啡馆获得大量盈利，就决定在咖啡馆推出一系列增值服务。但是，志明的宣传广告还没发出去，就遭到了股东们的反对，一部分股东认为这样会拉低咖啡馆的档次，另一部分股东认为志明对股东不尊重，开展新业务都没有告知他们。

迫于股东们的压力，新业务不得不暂停。但是麻烦还远远没有结束，一部分股东以咖啡馆迟迟无法盈利为由，要求召开股东会议，并鼓动其他股东介入咖啡店的管理和运营。志明虽然心里委屈，但也只能答应召开股东会，他以为股东会能解决问题，却不知道股东们都有自己的小算盘。有的提议把咖啡馆改成酒吧，有的提议在咖啡馆增加餐饮项目，还有的提议增加咖啡馆饮品的门类。股东会开了好几次，却没有一个提议能落地

实施。

志明反思过去一年多的经营时，意识到咖啡馆的股权分配有很大的问题。股东众多导致小股东拉帮结派，介入咖啡馆的管理和运营中，利用股权“绑架”整个运营团队，使许多业务都无法正常开展。甚至有的股东还会以退股来威胁志明，由于暂时无法返还资金，志明不得不做出一些妥协。

如此被动的运营方式，让咖啡馆的未来发展一片黯淡。

【股权设计实操】

志明的案例告诉我们：有时候，人多不一定力量大，小公司设置众多股东的初衷，是为了聚集资金和资源，但却让自己和公司都陷入了被动局面。那么，小公司创始人要怎样才能扭转劣势，改变股东众多的死局，牢牢掌握公司的控制权呢？下面有三点建议以供参考，如图 8－5 所示。

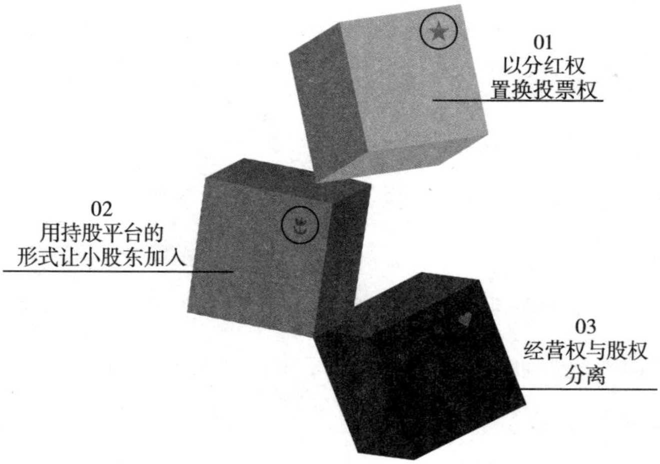

图 8－5　破解“股东众多”死局的三大方法

◎以分红权置换投票权

如果一家公司的股东众多，就意味着每位股东的持股比例都不大。一般来说，这样的股东持股的最大目的就是追求经济利益，小公司创始人可以与股东协商，用较高的分红来置换股东的投票权。也就是通过经济补偿，让股东放弃一部分投票权。小公司创始人还可以双方都接受的价格，收购股东手中的股权，来增加自己的持股比例，从而掌握公司的控制权。

◎用持股平台的形式让小股东加入

小公司要想发展，创始人势必要通过融资筹集资金，或者公司发展壮大后要对员工和管理层进行股权激励，这样势必会产生众多的小股东。那么，这种情况下小公司创始人应该怎样分配股权呢？

搭建一个持股平台无疑是一个好方法。让小股东加入持股平台，再由持股平台成为公司的股东。这样众多的小股东就被整合在一起，形成了一个集体股东。

一般来说，持股平台的成员虽然不是公司的直接股东，但可以通过持股平台来行使股东权利。持股平台的形式让小股东“化零为整”。而持股平台可以分为有限公司的持股平台和有限合伙公司的持股平台，小公司创始人通过掌握持股平台的表决权，既能与小股东分享利益，也能掌握公司的控制权。

◎完善公司制度，经营权与股权分离

股权并不一定等同于经营权，股权是股份持有者所具有的，与其股份比例相对应的权益和要承担的责任。而经营权可以由创始人，也可以由经理人掌握。股权和经营权可以通过与股东之间的约定分离。与此同时，小公司还要完善公司管理制度，明确哪些事务由公司合伙人管理团队决定，哪些事务由创始人决定，哪些事务由股东会决定。这种方法可以减少股东与合伙人之间的纠纷，以及股东与管理团队之间的摩擦。

8.3 第三大死局：干股股东

【股权设计看点】

小公司股权分配的第三大死局是“干股股东”。很多小公司都存在这样的情况：某个合伙人是公司的股东，但他们并没有出钱去购买公司的股份，不出资就占有公司的股权，这样的股东就是“干股股东”。

干股股东分为以下两种类型，如图 8－6 所示。

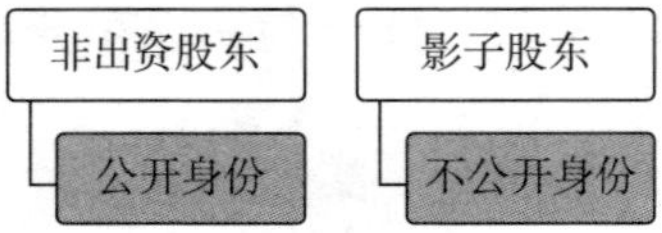

图 8－6 干股股东的两大类型

（1）非出资股东

公开身份的干股股东一般被称为“非出资股东”。例如，小公司创始人张总，他的公司里有一位老员工，这位老员工从张总创业之初就跟随他打天下，已经为公司服务了 10 年，深得张总的信任。经过 10 年的发展，公司规模越来越大。张总打算送给这位老员工一些股权，让他成为公司的“干股股东”。

有很多小公司创始人都想像这位张总一样重情重义，和一起打天下的员工或者朋友分享利益，但是却不好意思让对方出钱购买股权。这些小公司创始人没有明白一个道理，那就是：交钱才会交心。非出资股东在公司中一般只享受分红权，不承担义务，对公司的决策和发展方向也没有话语权。只有投入了资金，出钱购买了股份，股东才会珍惜和重视自己手中的股权，对公司的事才会更上心。

但是，若公司存在无偿赠送股权的情况，无论是公司，还是非出资股东本人都要承担一定的法律风险，也容易产生纠纷。如果仅仅是口头许诺赠予干股，就很有可能出现大股东毁约的情况；如果将非出资股东在工商部门登记为公司股东，那么未来一旦股东之间发生了纠纷，就会涉及法律问题。

（2）影子股东

不公开身份的干股股东一般被称为“影子股东”。有些小公司创始人会和一些机构有一定往来，为了公司利益或者获得一些资源，创始人会给这些机构或者个人一定比例的股份，让他们作为不公开身份的公司股东，这些机构或者个人就是“影子股东”。

王总是一位小公司创始人，在他的公司中就有这样一位“影子股东”。这位“影子股东”拥有一定的社会资源，能为公司创造一部分稳定的收益，王总给了他 15% 的股权。只要王总的公司经营一天，就要给他分红。而且公司存在“影子股东”，就等于是在不规范经营，未来还会有许多麻烦。但是，这位“影子股东”不能轻易得罪，王总深感“请神容易送神难”。

“影子股东”还为以权谋利提供了空间，有些国家公务人员会利用这种方式换取利益，产生腐败，甚至可能以此进行非法经商活动，这些行为都是国家法律明令禁止的。所以“影子股东”会为公司带来巨大风险，如果公司未来要上市，“影子股东”也会成为最大的阻碍。因此，如果想要公司有更远大的未来，就必须坚决杜绝“影子股东”。

以上两种，无论哪一种“干股股东”，都会为公司带来隐患，小公司创始人一定要重视和珍惜公司的股权，白白送出股份，反而有可能会像下面案例中的建筑公司一样卷入风波。

【股权设计案例】

案例：干股股东产生纠纷，波及公司被调查

四川有一家建筑公司，公司发展两年后创始人李总送给公司管理人员张明5%的股权，后期为了换取资源，又给公务人员周俊10%的股权。张明和周俊都成为了该公司的干股股东，分别持股5%和10%。

2018年5月，周俊想把自己手中的10%股权转让给张明，于是就和张明签订了一份股权转让协议。协议中约定，张明需付80万元的股权转让费。协议签订后，二人到工商管理部门办理了股权变更登记。但是办完手续后，张明却没有如约付给周俊80万元。周俊要求张明付款，张明却以周俊并没有实际出资为由，拒付股权转让费。

一气之下，周俊将张明告上了法庭，要求张明支付转让费，并赔偿逾期损失。张明提出：周俊作为干股股东不仅没有实际出资，也没有实际参与公司经营，而且周俊作为国家公务人员，法律规定其不能持有公司股份，所以周俊的股东身份无效。周俊则认为：自己股东身份的取得只要不违反法律的强制性规定，股东身份属于赠予，可以成为公司股东。

双方不仅在法庭上唇枪舌战，张明还向纪委举报了周俊，于是纪委和工商部门也介入了调查。最后，周俊受到了行政处分，但是张明必须依法支付股权转让费，李总的公司还因为不规范经营而受到处罚。这场股权转让纠纷，就这样在一地鸡毛中落幕了。

在这个案例中，两位干股股东由于股权转让而发生纠纷，最后把公司

也牵连进来。李总无偿赠送股份的出发点是好的，但是最后却得不偿失。在公司设置干股股东本身就具有一定的风险，如果李总当初规避了风险，不让公司内出现干股股东，这场纠纷也就不会发生了。

【股权设计实操】

从上面的案例可以看出，对小公司来说，无偿送出股权绝不是上策。涉及股权分配时，上策为卖，中策为换，下策为送。那么小公司创始人应该如何不出下策，杜绝干股股东的死局呢？有三个方法可供小公司创始人参考，如图 8－7 所示。

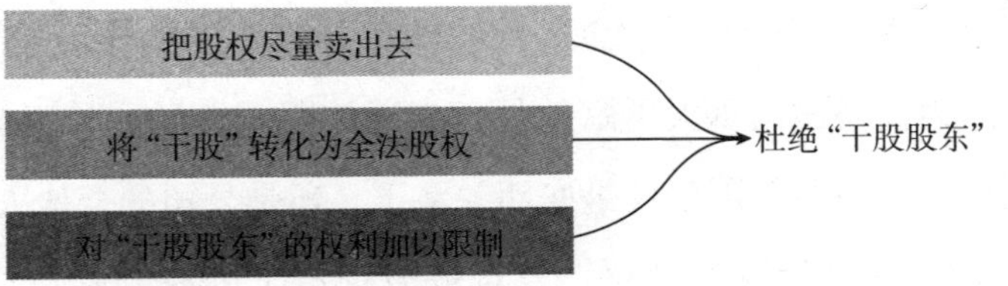

图 8－7　杜绝“干股股东”的三大方法

◎把股权尽量卖出去

不管处于什么样的情况，小公司创始人都应该尽量把股权卖出去。在公司外部，可以卖给投资人、上游供应商、下游经销商以及合作伙伴；在公司内部，可以卖给内部员工和公司管理层。创始人想要把股权尽快卖出去，可以先把股份卖给公司员工，因为有的老员工对公司有感情，对老板信任，最有可能出钱买公司的股权。

◎将“干股”转化为合法股权

干股股东在公司中占有“干股”，但法律上却并没有“干股”这一说，在实际操作中“干股”也有多种表现形式，有的是合法的，有的则是非法的。而且“干股”超出了现行法律调整的范围。所以，如果公司已经存在干股股东，小公司创始人就要设法把这些“干股”纳入到法律许可的范围内。否则，一旦发生纠纷，依靠法律都难以处理，公司和股东都会蒙受重大损失。

我国《中华人民共和国公司法》允许股东以非货币形式出资，如知识产权、土地使用权等无形资产，公司可以让干股股东以知识产权的方式出资，成为公司的合法股东。但是，在办理工商登记时，知识产权出资很难认定。因此，还需要通过协商，由其他股东垫付资金，把“干股”变成有实际出资的合法股权，但必须签订协议，要求该股东把有价值的无形资产转移到公司来。

◎对“干股股东”的权利加以限制

有一些公司为了留住人才，会实行股权激励制度，公司会将部分股权无偿地奖励给为公司做出重大贡献的员工。通过股权激励，员工能获得公司分红，与公司的关系就不仅仅是雇佣关系了，还是公司的合伙人。

但是公司在进行股权激励时，要对被激励员工的权利加以限制。例如，限制股权转让、为公司服务年限、离职自动退股等等。这些限制，都要用具有法律效力的书面文件体现出来。

总而言之，干股股东涉及许多不规范的操作，是滋生腐败的温床，具有较高的法律风险。小公司应当尽量避免公司内部出现干股股东。如果必须进行股权赠予或者股权激励，也应该签订规范的、具有法律效力的协议，以保障公司和合伙人的合法权益。

8.4

第四大死局：按资入股

【股权设计看点】

小公司股权分配的第四大死局是“按资入股”。按资入股就是按资金分配股权，这听起来十分合理，实则不然。按资入股最大的问题在于没有考虑到每个股东对公司的贡献值。这种分配方式会产生以下两大弊端。

（1）产生“备胎股东”

在有些小公司中，有的股东既出钱又出力，有的股东只出钱不出力。后者这样的股东，又被称为“备胎股东”，这类股东一般同时投资多个项目，不会在公司中担任全职工作，更不会全程参与公司的管理和运营。还有的“备胎股东”连兼职都不愿做，完全是甩手掌柜，仅仅参与分红。

“按资入股”的股权分配方式是对“备胎股东”的纵容，允许他们只出钱不出力，这对其他的全职合伙人非常不公平。而且，公司的成功经营需要所有合伙人的共同努力，如果小公司创始人默许了“备胎股东”的存在，就会导致公司人心涣散。

（2）产生利益分配不公的现象

在公司发展初期，资金起到的作用比较大，但是，随着公司的发展，管理者投入的人力变得更加重要，此时，参与公司管理运营的股东创造的价值，要远远高于只出钱不出力的“备胎股东”。如果再实行“按资入股”的话，有的“备胎股东”占股比例大，不干活还拿得多；有的出钱又出力的股东因为占股比例少，反而拿得少。这就形成了利益分配不均的现象，这种不公平、不公正的现象很容易引发纠纷，甚至会导致股东退伙，公司倒闭。

在这个全民合伙的时代，“按资入股”已经行不通了。传统的股权分配中“钱”是最重要的，现在“人”同样重要。下面案例中的“备胎股东”想要做甩手掌柜，就只能“占小股，拿小钱”。

【股权设计案例】

案例：“备胎股东”想要做甩手掌柜，就只能“占小股，拿小钱”

张岚和两位合伙人一起在广东开了一家教育培训机构。张岚是这家机构的主要负责人，负责日常经营和管理，而另外两位合伙人，分别负责教务工作和市场营销。3 人的占股分配如图 8－8 所示．

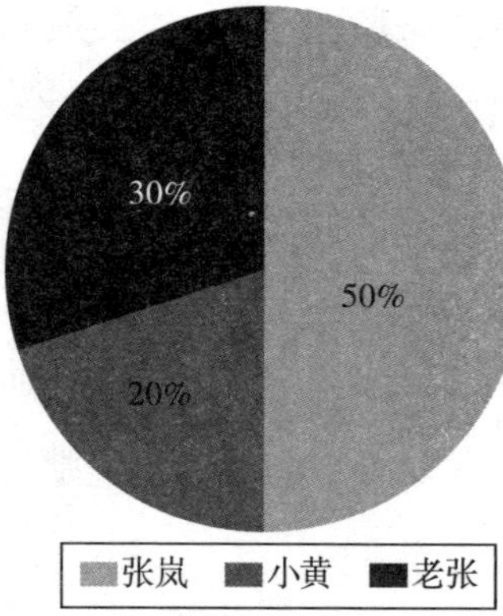

图 8－8　教育培训机构的股权分配比例

在合伙之初，3 人约定好，股东必须全职参与公司的管理和运营，还通过协议对 3 人的工作进行了分工。

经过一段时间的努力，这家机构逐渐走上了正轨，招生情况越来越好，盈利也越来越多。合伙人之一的老张就开始“三天打渔，两天晒网”，对公司的事务不再关心，导致公司的市场部一片混乱。张岚作为公司大股东，多次找老张沟通，老张嘴上答应回来好好上班，行动上却从不兑现，渐渐地，老张成了公司的“甩手掌柜”。直到年底分红的时候，老张依然按 30% 的股份分钱，这引起了另一位合伙人小黄的不满，她认为自己为公司付出的比老王多，但是因为股份少，拿到的分红最少。

面对这种情况，张岚决定把其他两位股东召集起来开一个股东会。在股东会上，张岚首先提出：老张违反了合伙之初关于股东必须全职参与公司管理运营的约定，造成利益分配不公的情况。她提出了两种方案：第一个方案是依据各人对公司的贡献重新调整分配股份，降低老张的股权比例；第二个方案是要求老张继续履行全职参与公司经营的约定，否则就要重新调整股权结构。

无奈之下老张只好选择了第二个方案，每天按时到公司上班。

【股权设计实操】

案例中的公司因为按资入股，引发了股东之间的矛盾。事实上很多公司在发展之初都是按股东实际的投入和贡献来分配股权的。但是随着公司的发展，每个人的贡献和投入又发生了变化，特别是人力方面的贡献。所以，小公司应该把资金投入和人力投入结合起来，适时地调整公司股权分配比例。保证利益分配的公平合理，杜绝“备胎股东”的死局。

◎通过区分资金股权和人力股权调整股权结构

小公司可以根据资金和人力在公司中的重要程度，分别计算每个股东的资金股和人力股比例，再把两者相加得到整体的股东个人股权。

例如，一家公司中，资金的重要性占比30%，3位股东分别出资20万元、30万元、50万元，资金部分的股权分别为6%、9%、15%。

人力的重要性占比70%。根据3个股东每个人的重要性和贡献值，将他们所占比例划分为3∶1∶6，他们的人力股权分别21%、7%、42%。最后把资金股权和人力股权相加，3个股东的股权分别为27%、16%、57%，如表8-1所示。

这个比例并不是最终结果，还需要根据决策需要和公司以后的融资需求来进行调整。并且，在调整股权结构时，怎样划分人力和资金的占比，以及怎样衡量每个人的贡献值，都需要股东之间详细地协商。

表8-1　按资金股和人力股，分别计算A、B、C三位股东的股权

持股＼股东		A	B	C	合计
出资情况	出资金额	20万	30万	50万	100万
	出资比例	20%	30%	50%	100%
股权分类	资金股30%	6%（20%×30%）	9%（30%×30%）	15%（50%×30%）	30%
	人力股70%	21%（3/10×70%）	7%（1/10×70%）	42%（6/10×70%）	70%
合计持股		27%	16%	57%	100%

◎将人力股与为公司服务年限挂钩

小公司可以把人力股按服务年限逐渐发放给股东，当股东达到一定的服务年限如3年时，就可以持有全额的人力股。这样做可以约束股东的行为，保证利益分配的公平性，让“甩手掌柜”们再也不能浑水摸鱼。

以上面的A、B、C为例，可以将3人所占的人力股权分3年解锁完毕，为公司服务3年后，就可以享有全部的股权，如表8-2所示。

表 8－2　分 3 年解锁全部人力股权

股东 权利	解锁时间	A	B	C	合计
分红权	初创时间 （资金股）	6%	9%	15%	
	第一年末	13% （6%＋7%）	11.4% （9%＋2.4%）	29% （15%＋14%）	
	第二年末	20% （13%＋7%）	13.7% （11.4%＋2.3%）	43% （29%＋14%）	
	第三年末	27% （27%＋7%）	16% （13.7%＋2.3%）	57% （43%＋14%）	100%

小公司合伙人在设计股权结构时，不仅要根据资金投入来分配股权，还要考虑人力因素，结合每个股东对公司的贡献值和重要性。本着公平公正的原则，综合各方面条件，合理分配股权。

第9章

绝对控股：创始人如何提防被合伙人踢出局

创始人决定公司的命运，但这还需要一个前提，就是创始人始终拥有公司的控制权。人都是趋利避害的，再好的合伙人之间也会因为利益产生矛盾。如果你不想自己辛苦创业的硕果被他人摘取，就必须牢牢掌握绝对控股的方法和技巧，避免被合伙人联合踢出局。

9.1

谁应该作为创始人？创始人身价如何确定

【股权设计看点】

说到绝对控股，我们首先要明确一件最重要的事：谁应该作为创始人？创始人的身价如何确定？

在一家小公司里，谁应当作为创始人看似是一个非常简单的问题，实际上却是非常棘手的，尤其是在有几个合伙人的情况下。创始人这个身份很明确，但实际情况却经常模糊复杂。罗辑思维公司就是一个典型的因创始人不明确而导致公司停滞不前的案例。

【股权设计案例】

案例：值钱的“罗辑思维”，要命的股权结构

“罗辑思维”是知名的自媒体公司，业务范围涵盖了视频和微信公众号等热门网络传播平台，通过优秀的作品吸纳了大量会员缴纳会费，公司估值一度达到1亿美元。然而这样一家前途无量的公司，却在自媒体风头正劲的时候宣告解体，公司散伙。

为什么会走到这一步呢？因为“罗辑思维”毫无逻辑的股权结构，如图9－1所示。

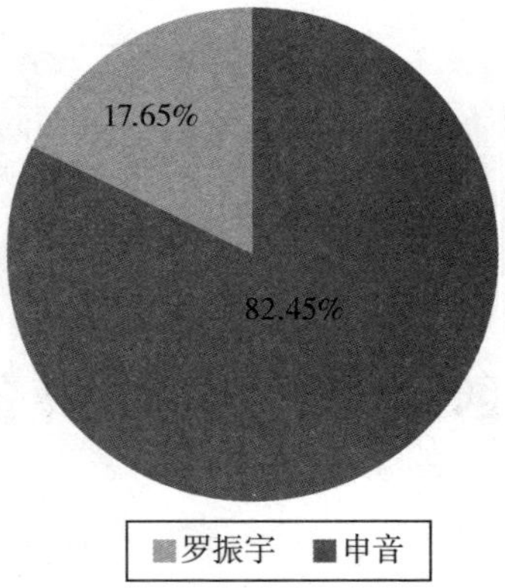

图9－1　“罗辑思维”的股权结构

如图9－1所示，罗辑思维的大股东是持有82.45%股份的申音，身为罗辑思维自媒体创始人的罗振宇却只持有公司17.65%的股份。作为一家自媒体公司，对自媒体做出最大贡献的创始人罗振宇却只占有相当小的一部分股权，相当于是在为申音打工。在这样畸形的股权结构下，罗振宇出走，双方散伙的结局也就可想而知了。

【股权设计实操】

众所周知，在一家公司里，创始人占有的股份应该是最多的。如果知道谁是创始人，就很容易确定他应当占有最大的股权比例。反过来看，在一家小公司里，股权比例最大的股东应当就是这家公司的创始人。罗辑思维的股权架构显然不符合这一特征，因此两个合伙人最终分道扬镳。

那么，小公司股权合伙，谁才应该是公司的创始人？创始人的身价该如何确定呢？

◎谁应该作为创始人

我们可以根据公司的发展阶段来明确创始人。一般来说，公司发展主要分为三个阶段，如图9－2所示。

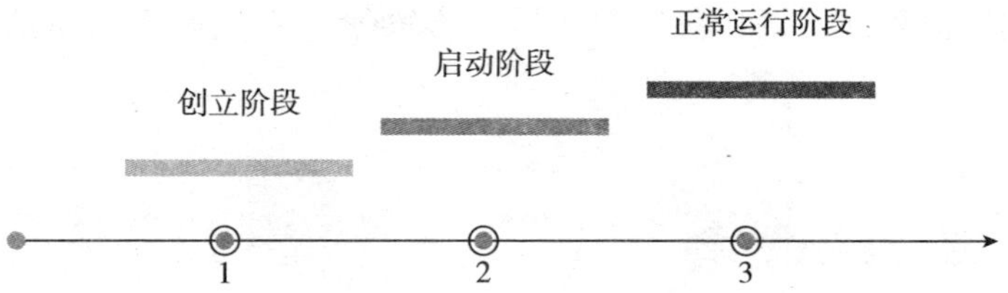

图9-2　公司发展的三个阶段

（1）创立阶段

在这个阶段，小公司通常还没有找到外部融资，公司资金运转全靠创始人的个人能力。一旦公司在这个阶段夭折，创始人投入的资金很可能就全部打了水漂，创始人也就需要另谋生计了。

（2）启动阶段

在这个阶段，公司进行了外部融资，资金相对于创立阶段更为充裕。这些资金使得创始人可以从公司获得一些收入，但这些收入远不如创始人去大公司工作获得的报酬。如果公司在这一阶段失败，创始人就会失去创业前稳定的高薪工作，也白白浪费了大量的时间和精力。

（3）正常运行阶段

在这一阶段，公司靠外部融资成功发展壮大，开始盈利。创始人也能从公司获得等同于在大公司工作的收入。一旦公司发展到这个规模，也就鲜少出现失败了，即便创始人在这一阶段失败，也会开始第二次创业，或者对公司进行转型调整。

综上所述，一个人只有在公司还没有资金，甚至没有工资的时候就开始为一家公司工作，才是公司的创始人。

所以，我们可以对创始人下这样一个定义：最早为公司服务，但公司无力支付工资的人，就是这家公司的创始人。

◎创始人的身价如何确定

通过了解创始人的概念，创始人的责任也就很清晰了——为公司寻找投资，创造盈利。所以，我们要从两个方面来考量创始人的价值，如图9－3所示。

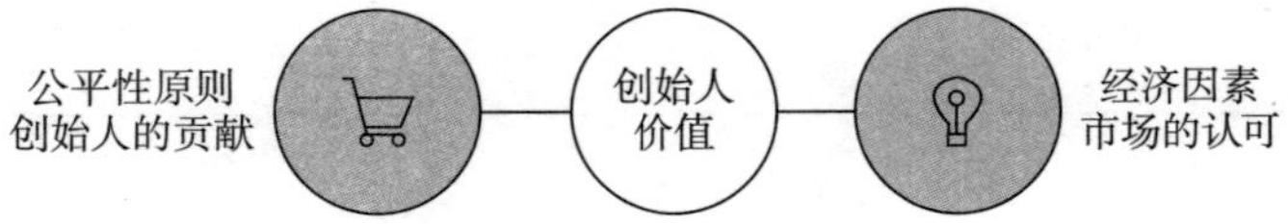

图9－3　如何考量创始人的价值

遵循这两个原则，可以建立一个计算创始人价值的公式，通过计算来判断创始人应当占有的股份。

假设每个参加公司初创的3名合伙人每人均分100份股份，那么这3名合伙人的股权结构就是100/100/100。

（1）召集人增加5%股权

如果这些合伙人是由同一名召集人牵头召集而来的，则这个召集大家一起创业的人多获得5%的股权。那么，股权结构就变成了105/100/100。

（2）提出创意并执行获得5%股权

如果创始人最先提出创办公司的灵感和主意，那么这名创始人就可以增加5%的股权，毕竟没有灵感也就没有这家公司。但如果这个灵感和创意没有得到落实，那么这名创始人就不应得到这份股权。

（3）让公司获得突破，实现飞跃获得5%～25%不等的股权

率先为公司做事，着手实施为公司申请专利、吸引融资等，应该增加5%～25%不等的股权，具体的股权增加比例，应该视创始人所做出的行为能给公司带来多大的利益而定。

（4）出任公司CEO获得5%股权

公司的CEO应该持有更多股份。许多小公司创始人会认为技术岗位的CTO对公司贡献很大，所以应该持有更多股份。但一个好的CEO，对于公司的市场价值而言，重要性远高于公司的CTO。所以考虑到公司的市场价

值，CEO 应该持有更多股份，应该给 CEO 增加 5% 股权。

（5）全职创业获得 20% 股权

全职创业是最有价值的。因为小公司创设初期，面对的风险大，需要处理的事情很多，干活的人却很少。因此全职创业的创始人工作量更大，承担失败的风险也更大。那些投资人也更喜欢全职创始人，而会对兼职创始人抱有一定程度的质疑，所以对于全职创始人，可以增加 20% 的股权。

（6）创始人信誉资产获得 5% ~20% 不等的股权

如果创始人自身信誉良好，或者曾经在某些领域中取得过一些成就，容易获得投资人的青睐，那么这名创始人就具有更大的价值。而那些参与过风投投资成功项目的合伙人，也具有比创始人更高的价值。因为这些超级合伙人可以为公司消除“创办阶段”的所有风险，大幅提高公司获得投资的概率，所以这些人就应该获得更多的股权，而具体增加股权的比例，应该视这名合伙人为公司提高的信誉而定，有 5% ~20% 不等。

（7）根据实际现金投入和风险承担调整占股比例

因为公司早期投资风险较大，所以那些在公司创设初期就投入大量资金的合伙人也应当获得更多的股权。但具体应该多获得多少股权，要视公司的具体情况而定，在这个问题上，创始人们可以找律师来帮忙计算。

按照上述计算方法，最后进行计算的结果是：200/150/250，那么将三名创始人的股份数量相加，再来计算比例，即可得出 3 个人的持股比例为 33%∶25%∶42%。

9.2 创始人提防被合伙人踢出局的三大持股原则

【股权设计看点】

弄清楚谁是创始人及创始人身价，只是万里长征走完的第一步。对于小公司创始人来说，如何保卫好自己对公司的控制权才是更加令人头疼的问题。怎样避免在外部资金进入公司后，自己被踢出局？面对融资对股权的稀释时又该如何保卫好自己的控制权？这些都是长期困扰着创始人的问题。那么，创始人究竟应该如何保护好自己手中的股权，避免在公司发展壮大之后被架空，失去对公司的控制呢？答案是：爱“股”如命。

哪怕在公司发展初期，也要珍惜手中的每一份股权，不要轻易把股权转让给他人。我们来看看下面的案例。

【股权设计案例】

案例：不放弃1%的股权，才能100%掌握公司

成都一对同宿舍的好兄弟在大学毕业之后联合创办了一家公司，公司64%的股份由小张持有，36%的股份由小钱持有。兄弟俩努力钻研，终于让公司走上了正轨。公司规模不断扩张，小张和小钱的创业团队也忙得焦头烂额，亟待扩员。这时，小张找到了刚刚从某大型公司辞职的老李，希

望老李可以加入他们的团队。老李在业务经理岗位工作了数十年，正想自己创业，就欣然答应了小张的邀请。但老李对小张提出要求，希望可以获得一部分公司的股份。

小张和小钱就老李的要求产生了分歧。小钱认为应该给老李分一些股份，反正现在公司的股份份额还足够。但小张认为股份分割应该在老李为公司做出贡献之后再来执行，否则今天分给老李一些股份，明天要是老王、老周也要股份怎么办？

小张没有答应老李的要求，但给老李开出了40万元的年薪，同时老李可以从公司每年的利润增长中获得10%的分成。老李同意了小张的条件，公司顺利扩张，进入爆发式成长阶段。

在公司飞速成长的同时，公司的投资人王军认为公司现在还是一家私营合伙企业，这样会阻碍公司的发展。小张和小钱应该扩大公司核心人数，重组公司的股份，从而达到让更多人持有股份的目的。小张对这些问题并不感兴趣，于是把重组股份的事情交给王军和老李负责。

不久之后，老李和王军就向小张和小钱提出了方案：公司84%的股份由小张和小钱持有，老李用原有的利润分成条款交换公司8%左右的股份，其余8%左右的股份由其他所有员工共享。最终，这一股权架构成功实施，小张和小钱的小公司也由一家小作坊发展成了优秀的大型公司。

【股权设计实操】

小张并没有因为对人才的渴望而轻易地放弃自己对手中股权的掌控，因为哪怕是1%的股份，也有可能在日后对公司产生决定影响。那么，创始人在实际操作过程中又该采取哪些策略来保护自己的控制权呢？

为了维持公司创始人对公司的控制权，我们可以用到如图9－4所示中的策略。

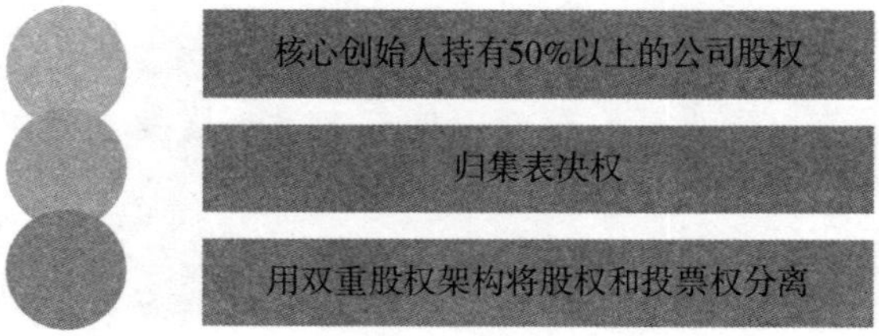

图 9-4 创始人提防被踢出局的三大持股原则

◎核心创始人持有 50% 以上的公司股权

对于所有的小公司创始人来说，想要掌握控制权，持股比例就不能低于 50%。因为小公司创始人承担的责任最多，话语权也最大，所以应该持有至少一半的股权。只有这样才能保障在公司的话语权和决策权。因此，创始人在吸引外部资金的时候，也应该注意保证自己直接或间接拥有的股权比例超过 50%，这样无论是增资、减资还是融资，创始人都不会被外部资本牵着鼻子走。

此外，小公司召开决策会议时，只有半数以上的股东同意，一个决策才能得到实施。因此，小公司创始人在设置股东人数的时候，应该保证早期股东里“自己人”比较多，只有这样，创始人在公司会议发言的时候才能得到大多数认可。

最后也是最关键的一点，小公司创始人切忌将公司股份平分给大量联合创始人，这会导致公司管理层混乱，也会直接导致创始人失去对公司的控制权。

◎归集表决权

并不是所有创始人都能通过股份保证对公司的控制权，这时候我们就要用到一些其他的方法，归集表决权就是个不错的选择。

归集表决权的意思是创始人把小股东的表决权掌握在自己手中，统一表决。这样也可以增加创始人在会议中实际控制的股权表决权数量。

例如，一个持有 30% 股份的创始人，也只拥有 30% 的表决权。而这名创始人把其他几个小股东拥有的 20% 以上的股权归集在一起的时候，这名创始人就拥有了 50% 以上的表决权。

归集表决权一般分为三种方式，如图 9－5 所示。

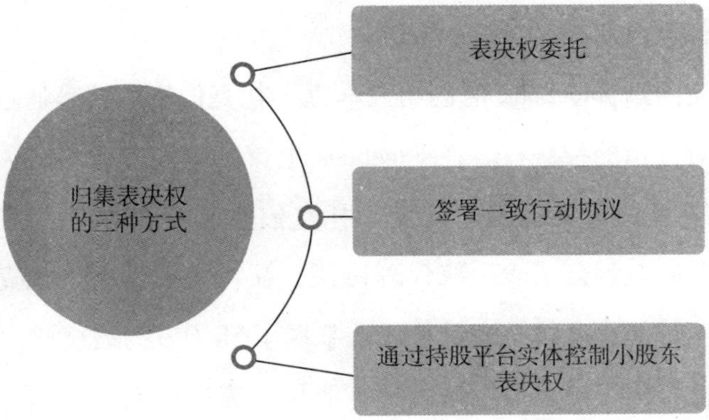

图 9－5　归集表决权的三种方式

（1）表决权委托

表决权委托是最简单也最常见的归集表决权的方法，小股东通过签署授权委托书直接将表决权长期授予创始人，简单又明晰。

（2）签署一致行动协议

签署一致行动协议则是创始人与小股东签订协议，让创始人和小股东成为一个集体，通过这样的方式让这个小集体按照统一意志对公司事项进行表决。如果其他小股东和创始人产生矛盾，就按照创始人的意志进行表决。

（3）通过持股平台实体控制小股东表决权

通过持股平台实体控制小股东表决权操作起来比较复杂，但稳定可靠。这种方法需要创始人为小股东创办一家持股平台，通过这样的方式间接持有公司股权。创始人通过成为这个持股平台的法定代表人、唯一普通合伙人或者执行事务合伙人的方式，控制并实行这个持股平台所持有的公司股权的表决权。

◎用双重股权架构将股权和投票权分离

公司发展离不开融资，但多轮融资会不断稀释创始人持有的公司股权，也会慢慢蚕食创始人对公司的控制权。于是，许多上市公司选择了双重股权架构将股权和投票权进行分离。

著名社交网站 Facebook 的创始人马克·扎克伯格，就是通过这种方式保持了自己对公司的控制权。在 Facebook 上市的时候，公司采用了投票权 1∶10 的 AB 股模式进行运营。马克·扎克伯格拥有 28.2% 的表决权。同时，他和主要股东签订了表决权代理协议，在特定条件下，扎克伯克可以代表这些股东行使表决权，于是他成功掌握了 58.9% 的表决权。

双重股权架构可以增加创始人持有股份的表决权数量，而表决权数量增大了创始人在股东会议表决时候的权重，是一种积极有效的增加创始人控制权的方式。

9.3

三个层面的控制权，创始人该如何把握

【股权设计看点】

控制权意味着决策权，简言之，就是公司里谁说了算。《中华人民共和国公司法》规定：公司的决策分为三个层次——股东大会、董事会、经理。股东大会是资本决策层，董事会是战略决策层，而经理则属于执行决策层。

这三个决策层将公司的控制权划分为三个层面：股权的控制权、董事会的控制权、经营管理的控制权，如图 9－6 所示。

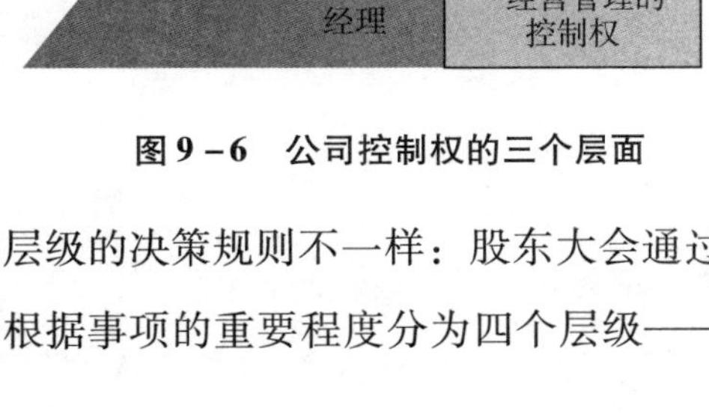

图 9－6　公司控制权的三个层面

这三个不同层级的决策规则不一样：股东大会通过投票表决；董事会按照董事人数，根据事项的重要程度分为四个层级——简单多数、特别多数、超级多数、一致同意；而经理层则由董事会授权或者由董事会制定的公司制度授权，如图 9－7 所示。

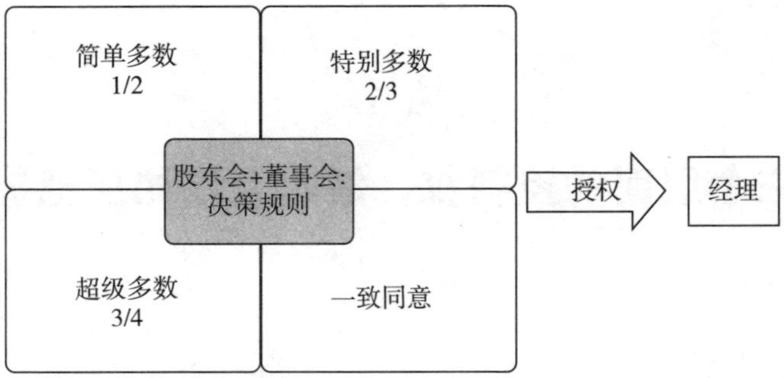

图 9－7　决策规则

通过图 9－7 所示的公司决策规则不难看出，要掌握公司的控制权，就必须要掌握股权、董事会、公司日常的经营管理，具体怎么操作？我们不妨先看看下面的案例。

【股权设计案例】

案例：张兰辛苦创业，俏江南却为他人做了嫁衣

俏江南成立于 2000 年，曾号称是“餐饮界的 LV”，从鼎晖创投到 CVC 接盘，再到如今的保华掌管，创始人张兰已经完全失去了对俏江南的控制权。

2008 年，金融危机爆发，俏江南为了缓解现金压力引入鼎晖，接受注资 2 亿元人民币，分出股份 10.526%，由此出现转折，张兰曾表示，这是“最大的失误”。

当时俏江南的估值高达 20 亿元，鼎晖入股时在投资协议中提出：如果非鼎晖方原因造成俏江南无法在 2012 年底上市，那么鼎晖有权以回购的方式退出俏江南。2011 年、2012 年俏江南先后申请 A 股、H 股上市，均以

失败告终，随后按照约定，鼎晖抽身。

2014 年，CVC 以 3 亿美元购得俏江南 82.7% 的股权，剩下的股份张兰持有 13.8%，员工持有 3.5%，至此张兰已丧失了控股权，如图 9 - 8 所示。2015 年 7 月，保华顾问有限公司接手 CVC 掌管俏江南，张兰不再担任俏江南董事会成员，而且不再处理或参与俏江南的任何事务。

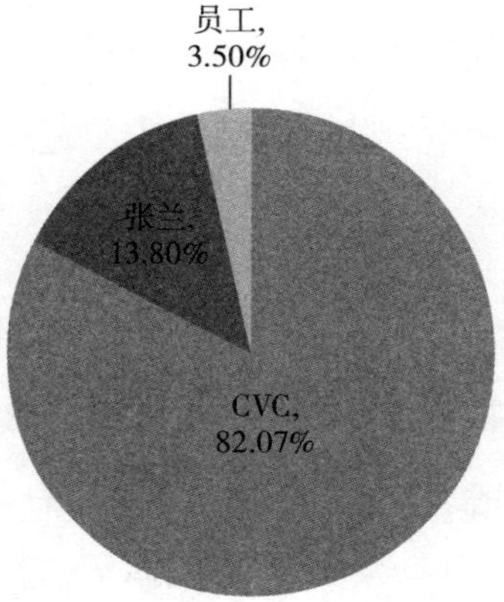

图 9 - 8　CVC 入股之后俏江南的股权结构

俏江南冲击 IPO 无果，几经易主，由最初张兰创始的民营企业变为外商投资企业。外界一度传出“张兰被出局”的言论，尽管张兰的律师对此否认并声明：张兰早已于 2013 年底主动辞去俏江南的董事和法人职务，不存在“被出局”的情况，而张兰本人也表示希望返回俏江南。

商战向来复杂多变，未来不可知，但我们可以确信的是，至少目前张兰已经完全失去了对俏江南的控制权。

俏江南作为“中国驰名商标”，在 2008 年北京奥运会上是第八大餐饮服务商，昔日的辉煌一去不复返，创始人辛苦打下的江山都为他人做了嫁衣，不免令人唏嘘。

【股权设计实操】

通过俏江南的案例，各位小公司创始人一定要警醒：如果不希望自己的辛苦经营竹篮子打水一场空，就一定要牢牢掌握公司的控制权，具体来说可以从以下三个层面着手。

◎股东大会层面

股权是对公司的终极控制权，公司的重大决策通常由股东大会决定。

有些小公司按 4∶3∶3 或者 5∶5 分配股权，这样一来，创始人一开始就失去了对股权的控制。而有些公司，即便创始人通过持有大量股权而拥有绝对的控制权，但是随着公司的发展，新股东的加入和引进融资造成股权稀释，创始人也会逐步丧失控制权。

创始人持股如果能达到 67%，基本上就掌握了控股权，能够控制股东大会的决策。最差的情况，创始人至少也要持有 51% 的股权，否则将会失去对公司的控制。

◎董事会层面

对于初创小公司而言，股东通常与董事一致，控股权也就意味着控制权。但随着公司不断融资，投资方一般会向公司委派董事，这时董事会与股东大会相对独立，尤其是在股权比较分散的公司，实际控制权则掌握在董事会手中。

在这种情况下，创始人就需要把董事提名和罢免的权力牢牢握在手中。现实中公司的投资人往往也会要求拥有董事罢免权。那么，创始人在自己所任命的董事人数上就要加以控制，笔者的建议是创始人要控制至少 2/3 的董事席位，即便是在公司发展壮大之后，所控制的董事席位也不能少于 1/2，而且外部董事席位尽量安排对公司发展影响重大的投资人。

◎**经营管理层面**

相对于自主权、重大决策建议权，董事会拥有监督权和战略方向的领导权，因此只要控制了董事会，也就控制了公司的日常经营管理。

在中国法律背景下，法人代表通常由公司董事长或者总经理担任，法人代表在法律规定范围内直接代表公司对外行使职权。公司法定代表人在合同上签字或者加盖公章，公司就受到合同的约束。因此创始人可以通过对公章和营业执照等印鉴的掌握来把握控制权，除此之外，创始人还要考虑对公司产品和人员的控制。

下面来看一看目前一些领头公司的控制权结构，如图 9 –9 所示。

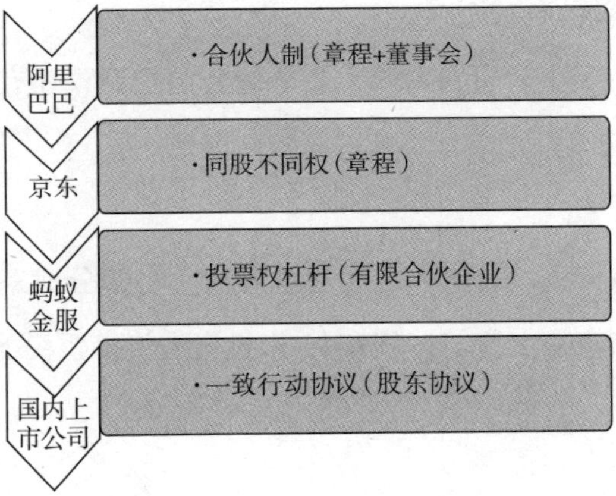

图 9 –9　领头公司的控制权结构

图 9 –9 所示是阿里集团、京东、蚂蚁金服以及国内一些上市公司的控制模式，其中有以下四种。

（1）合伙人制

通过合伙人协议制定公司章程，确保创始人的控制权。

（2）同股不同权

即 AB 股计划，将公司股票分为 A 类股和 B 类股，A 类股通常由投资方和公众股东持有，B 类股则由创始人持有，两类股设置不同的投票权。

在美国上市的很多公司就采用这种结构来维护创始人的控制权，如谷歌、Facebook、百度等将A股设定为每股1个投票权，B类股则设定为每股10个投票权。

（3）投票权杠杆（有限合伙企业）

由创始人或者创始人自己名下的公司担任有限合伙人持有公司投票权，从而对公司进行控制。

（4）一致行动协议

股东通过协商签订协议，就特定事项采取一致行动，当出现意见不一致的情况时，部分股东跟随一致行动人投票，如果将一致行动人设为公司创始人，创始人就能获得控制权。

除此之外，对于小公司创始人，要掌握公司控制权还有以下行之有效的具体措施。

（1）投票权委托

股权和投票权分离，合伙人之间通过协商，将部分股东的投票权委托给创始股东。比如京东上市前，就有11家投资人将投票权委托给刘强东代为行使。

（2）股权代持

这是变相地对股权进行控制，适用于创业早期或者不走资本市场的公司。实施股权代持的同时，创始人要和持股人约定代持协议解除后，投票权或被代持股权的转换方案。

（3）一票否决权

《中华人民共和国公司法》规定，修改公司章程，增加减少注册资本，公司的分立、合并以及变更公司的形式，需要经过2/3以上表决权才能通过。

在此基础上，我们可以将重大事项范围扩大，包括对外投资、分红、公司的预决算、人事任免、上市计划、公司董事会席位改变等，创始股东都可以拥有一票否决权。

总结起来，创始人要想在以上三个方面把握控制权，需要按照表 9 – 1 中的措施来操作。

表 9 – 1　创始人控制权的三个层面

控制层面	控制内容	创始人操作重点	规避情形
股权	绝对控股、相对控股、一票否决	67%∶51%∶34%	50%∶50%； 40%∶40%∶20%； 50%∶40%∶10%
	股权与投票权分离	一致行动人协议、投票权委托、股权代持等	平衡好融资节奏与创始人股份被稀释之间的关系
董事会	董事会席位	创始人对董事会半数以上席位的提名与控制	创始人要避免对董事会失去控制
实际控制	日常经营管理	创始股东兼任公司法定代表人、董事长	避免公司公章、法人章、营业执照、财务资金等失控

小公司创始人可以参考以上措施，来维护自己的控制权。

经营公司事务繁杂，“一言堂”在某种程度上能够起到稳定公司组织、把控发展方向、有效决策等作用，但有些时候太过专断，则可能给公司带来毁灭性打击。因此，每位创始人都应该结合自己公司的实际情况，建立不同层次的控制权结构。

需要提醒大家的是，创始人一定要尽早地考虑公司控制权问题，事先设计好股权分配方案以及控制权结构，约定合伙人退伙时的回购机制，以便在危急时刻也能保持对公司的控制。

第10章

股权激励：

如何通过股权合伙搭建最佳“股权激励”方案

除了创始人和合伙人拥有大量股权，小公司还应该预留部分股权用于激励优秀员工，让员工以合伙人的身份参与公司决策、分享利润，并承担公司风险，从而使其勤勉尽责地为公司做出长期贡献。

10.1

小公司要不要给股权激励？为什么给

【股权设计看点】

很多小公司都存在这样一种现象：员工拿完年终奖就走人。“年初离职潮”在许多小公司表现得尤其明显。为什么员工会轻易离职呢？马云给了我们答案：“要么钱没给到位，要么心委屈了。”

员工“心委屈了”，小公司创始人可以和员工沟通、谈心，做通了思想工作，说不定员工就留住了。但是，“钱没给够”却是个大问题，特别是在公司发展初期，资金紧张，小公司创始人确实没有钱给员工，那应该怎么办呢？股权激励就是一个好方法。

在当今社会，人才就是价值，各个公司为了留住人才都开始实行股权激励制度，把股权激励制度列入了公司的战略计划中。在阿里巴巴，一半以上的员工都是公司的合伙人股东，手握市值千万元以上的公司股权。华为也是如此，用股权激励把人才牢牢地“绑”在公司，让他们为公司创造更大的价值。

那么，小公司到底要不要做股权激励呢？答案是：当然要。

下面的小米公司案例能更清晰、直观地体现出股权激励制度的积极作用。

【股权设计案例】

案例：小米利用股权激励使公司快速发展

截至2018年3月31日，小米已经有14513名员工，这些员工中有多少人拿到了公司的股权呢？

答案是超过5500人，占员工总数的38%，对于一家高科技企业来说，这是一个相当高的比例，如图10－1所示。

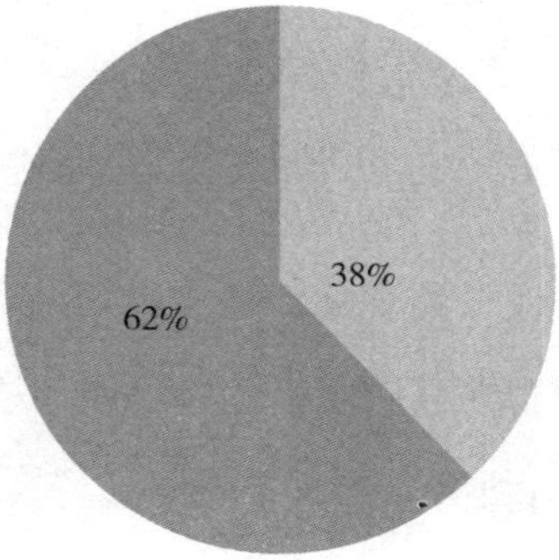

图10－1　截至2018年3月31日小米公司中有股权的员工比例

小米成立于2010年，不到10年时间，就成长为一家总营收超过千亿元人民币、市值即将冲击千亿美元的公司。小米的飞速成长与股权激励的作用是分不开的。

2010年4月1日到2018年5月1日，小米公司已经通过股权激励售出224500097股B类普通股份，其中11位高管获得2212万股，超过5500位员工获得222380097股。这些股份如果全部行权的话，在小米的整个股权比例中占10.85%，预计价值为70亿～100亿美元。

小米的股权激励制度，不仅成就了公司的业绩，更造就了数千个千万富翁，实现了公司和员工利益的双赢。

【股权设计实操】

从小米公司的案例可以看出，股权激励制度不仅能为公司创造营收，也能增加员工的个人财富。所以，实行股权激励制度不管是对公司，还是对员工来说都是十分有益的。总的来说，小公司进行股权激励，把员工变成合伙人，其核心作用主要体现在以下几个方面，如图 10－2 所示。

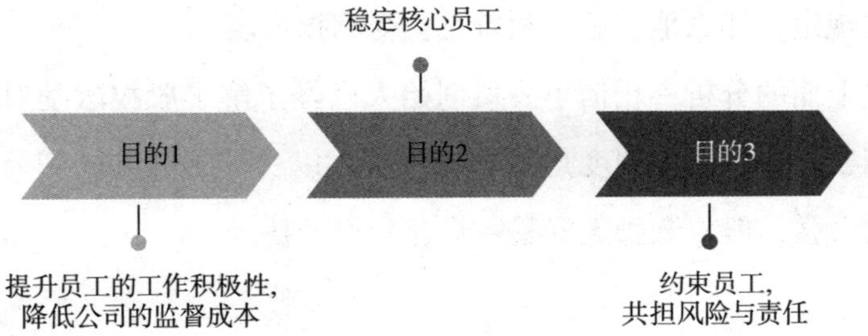

图 10－2　小公司股权激励的核心作用

◎提升员工的工作积极性，降低公司的监督成本

提升员工的工作积极性是股权激励最重要的作用，股权激励能唤醒员工的主人翁意识，把公司的利益放在首位，把公司的目标作为自己的目标，发挥自己最大的潜力，为公司的发展做贡献。这样一来，每个员工都能积极主动地参与到工作中，创始人也根本不用担心员工工作不用心，可以大大地降低公司的监督成本。

◎稳定核心员工

大部分公司的股权激励制度都对员工的服务年限做出了规定，所以，获得股权激励的员工主动离职的可能性较低。那些获得了较大力度股权激励的核心管理层、核心技术人员和公司销售精英，由于获得的股权激励力度大，受到的限制也会比较多，就更加不会轻易离职。因此，股权激励制度能够在一定程度上起到稳定核心员工的作用。

◎约束员工，共担风险与责任

股权激励还有约束员工的作用，把员工和公司绑在一艘船上，只有员工上下一心，团结一致，公司才会有好的发展，而公司发展好了，员工和股东都能从中获益。如果公司经营不善，发展得不如预期，股东和员工也要共同承担风险。另外，员工享受股权激励也是有一定条件的，如必须达到公司规定的工作年限，或者为公司做出特殊的贡献。如果员工违反了公司的相关规定，那么他自己的利益也会受到损失。

通过上面的分析，相信小公司创始人已经了解了股权激励对公司的益处，公司实行股权激励制度是公司、合伙人以及员工的共同需要。要想把公司做大做强，股权激励无疑是一个比较好的捷径。

10.2

股权激励该给谁？为什么给

【股权设计看点】

公司股权好比是一个蛋糕，香浓诱人，人人都想分得一块，但如果我们按照一贯的分蛋糕方式平分，不仅起不到激励作用，还可能引发不满。换种方式，一块大蛋糕分出一块来，让大家自己去抢，情况就截然不同了，抢到蛋糕的人必定会欢欣鼓舞、感恩戴德。

对于小公司而言，蛋糕就那么大，需要取舍，让谁去抢蛋糕，蛋糕落到谁的手里最有价值？这个问题值得深思。

股权激励的人选向来是一个敏感的话题，被选中的人从此和老板登上了同一艘战船，共享利益、共担风险。每个公司在不同的发展阶段股权激励的目的都不一样，有的是为了吸引人才、留住人才，有的是为了通过利益捆绑来提高业绩，也有的是为了降低成本。公司首先要弄清楚股权激励的目的是什么，然后才能有针对性地选择被激励的对象。例如，公司现在迫切需要提升业绩，那么激励销售团队就能起到立竿见影的效果。

制订股权激励计划时，选择谁作为激励对象？是年轻有活力的新员工，还是一起打江山的元老？是创造业绩的销售人员、技术研发人员，还是核心高管？服务年限、工作绩效、岗位职责等因素要不要考虑在内？本节将深入浅出地谈谈这个问题。

【股权设计案例】

案例1：万科以股权激励应对“中年危机”

2018年4月，万科西安总经理钱嘉、副总经理马爱明离职引发热议，但其实这只是万科近年来人事变动的“冰山一角”，更早前有张晋元、朱瑞生、沙骥等高管出走。

回顾2010—2012年，3年间万科核心高管大量离开，引发“中年危机”。2013年，万科为了防止人才进一步流失，实施股权合伙人制度。

近年来，商业地产快速开发和专业人才稀缺的矛盾一再深化，加速了地产企业高层换血。据统计，2017年中国商业地产圈共有322位高管职位变动，涉及180多家企业。其中内部调任的有132位，占41%；辞职的有94位，占24%；跳槽的有72位，占22%；退休卸任的有4位，占1%；新上任的有43位，占12%。如图10-3所示。

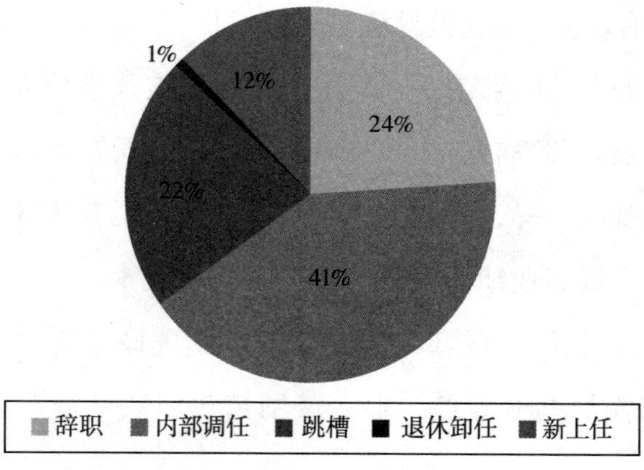

图10-3　2017年中国商业地产圈人事变动情况统计

为了保留精英团队，万科多次提出“造富”的股权激励计划。2011年

3 月通过的股权激励方案中，将人数减少，行权期延长至 5 年。万科的谭华杰曾指出，股票期权激励计划是万科战略实施的重要环节，目的在于建立股东和经理人之间的利益共享和约束。

郁亮是万科的元老，从他 1990 年加入万科，为公司效力将近 30 年，所持的万科股份给他带来了巨大的财富。到 2016 年末，郁亮持有万科 730.6245 万股。万科从 2013 年开始大手笔分红，2013—2015 年，3 年间郁亮累积获得分红 1149 万元。近日万科股价上涨，按照目前股价 25 元，郁亮所持股权市值达到 1.8265 亿元。1994—2016 年，郁亮从万科所得分红摘录如表 10－1 所示。

表 10－1　郁亮历年来所得万科分红

分红			
年份	期末持股数	分红方案（每 10 股）派息	现金分红（元）
1994	100	1.5	150
1995	16150	1.4	2261
1996	17765	1	1776.5
1997	25270	1.5	3790.5
1998	27797	1	2779.7
1999	30576	1.5	4586.4
2000	38914	1.8	7004.52
2001	38914	2	7782.8
2002	38914	2	7782.8
2003	77828	0.5	3891.4
2004	116742	1.5	17511.3
2005	175113	1.5	26266.95
2006	175113	1.5	26266.95
2007	277116	1	27711.6
2008	4106245	0.5	205312.25
2009	4106245	0.7	287437.15

续表

分红			
年份	期末持股数	分红方案（每 10 股）派息	现金分红（元）
2010	4106245	1	410624.5
2011	4106245	1.3	533811.85
2012	4106245	1.8	739124.1
2013	6306245	4.1	2585560.45
2014	7306245	5	3653122.5
2015	7306245	7.2	5260496.4
2016	7306245	7.9	5771933.55

从表 10－1 中我们不难看出，万科为了留住郁亮这样的人才，是非常慷慨的，纵然人事变动频繁，但是郁亮因为股权关系，个人利益与集团利益密不可分，与万科的感情也更深厚。2017 年王石退贤，郁亮接手，王石虽然在 2018 年 1 月已经辞去总裁和首席执行官的职务，但一再对外解释，自己并不是离开万科，仍然是万科董事会主席。可见郁亮与万科之间有着斩不断的联系。

案例 2：华为从“人人持股”到重点激发没有股份的“奋斗者”

华为在 1988 年刚创建时资本仅 2.4 亿元，至今经历了 4 次股权激励计划，每次股权计划的实施都大大刺激了华为的发展。华为通过股权激励，一方面减少了公司现金流风险，另一方面增强了员工的归属感。

1990 年华为开始实施股权激励，1997 年股份改制，华为技术有限公司（688 位员工持股）和华为新技术有限公司（299 位员工持股）共同持有华为技术有限公司股份，号称“人人持股”。2011 年，华为提出识别“奋斗者”，给新进的“奋斗者”购买股份的机会。从 2014 年开始，华为则推出“TUP 计划”，重点激发没有股份的“奋斗者”。截至目前，华为的股权分布如图 10－4 所示。

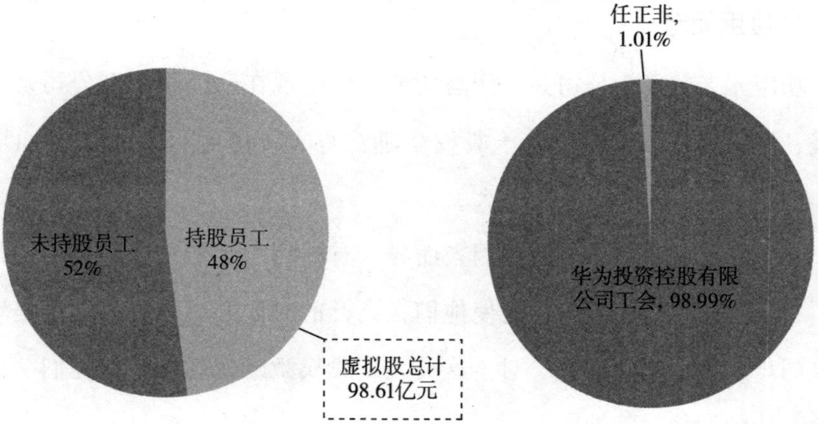

图 10－4　华为目前的股权分布

通过图 10－4 我们不难看出，华为 98.99% 的股权都在员工手中，而任正非本人只占 1.01%，正是这 18 万多员工的支持，造就了华为式管理的向心力，造就了华为辉煌的今天。

【股权设计实操】

不管是万科还是华为，都采用了股权激励。相比而言，华为实施股权激励的对象更广泛，力度更大，收效也更好。其实，选择谁作为激励对象并没有好坏对错之分，解决公司当前所面临的问题，才是股权激励的目的。

对于小公司来说，应该被激励的人才可分为以下三类。

◎现有骨干

现有骨干是公司最重要的人力资本，股权激励好比是给他们戴上了一副金手铐，将他们与老板牢牢锁在一起，使他们能够分享企业利益，从而更加关注公司的长期发展。股权和高薪、奖金相比，更长远、更保值、更能激励他们为公司创造价值。

◎**功臣元老**

功臣元老曾经为公司立下汗马功劳，但是现在已经跟不上公司发展的步伐，即将退位，要不要给予股权激励？有人可能觉得从道德层面应该给，但从利益层面来看意义不大。

在笔者看来，这个问题要因人而异，有的功臣元老掌握着公司的核心资料，适当给予股权激励，能使他们在离开的时候心满意足，而不是转而自立门户成为公司的敌人。对于这类人，股权激励就好比是给他们一把降落伞，让他们稳稳落地。

◎**新进人才**

股权激励往往会对公司产生长远的影响，在设计方案时也应该从长计议。要考虑到公司在发展过程中，不排除有的人可能会带着股份离开，公司需要引进新的人才，那么这些新进人才的股权从何而来？因此，股权激励也应该为未来的新进人才预留空间。

新进人才也分为三类：第一类，现在不在公司，将来会引进的人才；第二类，已经是激励对象，但是随着公司的发展，他们的贡献越来越大，职位越来越高，未来需要追加股权激励的额度；第三类，刚进公司，暂时不用股权激励，但是将来有望成为核心人物，届时需要股权激励。

小公司在进行股权激励时一定要注意这个问题，要有长远的战略。股权激励出问题最多的一个地方，就是目光短浅，没有考虑公司的资本战略，将激励股份一次分红，忽略了设计台阶的问题。

公司人才细分起来，应该被激励的对象还包括以下几种。

◎**销售、研发团队**

对销售、研发团队进行股权激励，可以最直接有效地促进业绩增长，谁能创造更多的价值，谁就值得拥有更多的股权。

◎创业合伙人

对创业合伙人进行股权激励，可以极大地降低公司的成本压力，小公司在发展之初人少、钱少，合伙人有着共同的奋斗目标，相对于薪资而言，一般都更乐意接受股权激励。

◎高级管理人员

通过对高级管理人员进行股权激励，可以有效地实现利益捆绑，提高他们的主人翁意识，建立“老板心态”，使其心甘情愿为公司效力。

各小公司可以参考以上分类，对照自己公司的实际情况，找出应该被激励的对象。最后需要提醒一点，股权激励是“抢蛋糕”，而不是分福利，在设计股权激励方案时，要制造出股权的稀缺感，要分给真正的“奋斗者”，否则就无法达到激励的效果。

10.3

股权激励什么时候给？怎么给

【股权设计看点】

有的创始人在决定做股权激励的时候会有很多顾虑：公司发展之初，股权价值比较低，担心对员工没有吸引力；公司高速发展的时候，认为公司已经进入良性发展，没有必要进行股权激励；而当公司发展稳定之后，又担心达不到明显的激励效果，还会使自己失去对公司的控制权，舍不得分出股权。也有的创始人认为，只有在公司上市的时候才需要股权激励，如果公司不上市，股权激励就没有多大意义。真的如此吗？

《旧唐书》里说："财聚人散，财散人聚。"小公司只有善于进行股权激励，才能牢牢抓住人力资本，世界500强企业中85%的企业都在不同的发展阶段适时地采用了股权激励。

股权激励并不是一成不变的，而应该随着公司的发展，不断深入、不断改革。每个小公司发展情况不一样，那么具体什么时间适合进行股权激励呢？下面我们先来看一个成功的股权激励的案例。

【股权设计案例】

案例：三星灯饰，四次股权激励，实现飞跃式发展

济南三星灯饰有限公司创立于 20 世纪 90 年代，当时条件非常艰苦，创始人贾亚强带领 2 名员工咬牙坚持。在后来的发展中，三星灯饰共进行了 4 次股权激励，激励对象非常广泛，进一步传承了公司的“家文化”精神。公司的激励过程如图 10 – 5 所示。

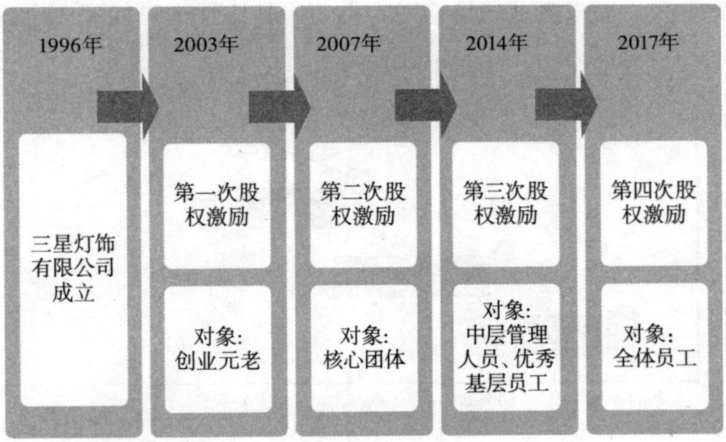

图 10 – 5　三星灯饰的四次股权激励

2005—2015 年底，这 10 年间，三星灯饰有限公司资产增长了 20 多倍。在整个行业市场每年以 30% 萎缩的情况下，三星灯饰公司的营业收入和利润仍然保持着高速增长，市场增长率达到 30%，并且公司中层以上员工流失率为零，基层员工的流失率也不超过 4%。

三星灯饰有限公司有今天的辉煌成就，很大程度上依赖于 4 次股权激励的实施。这 4 次股权激励贯穿了其整个发展过程，并且每次股权激励的侧重点都不一样。现在股权激励已经成为三星灯饰有限公司常规的年度激励。

【股权设计实操】

通过三星灯饰有限公司成功的股权激励案例，我们可以得出结论：公司发展的每个阶段，如初创期、发展期、成熟期都可以进行股权激励。公司在每个阶段发展重点不同，都需要激励相应的人才去实现目标。当然因为每个阶段目标不同、对象不同，所采取的激励方案也应该做出相应的调整。

在此建议，股权激励越早越好。小公司具体什么时候应该进行股权激励，又该怎么去操作呢？如图 10－6 所示。

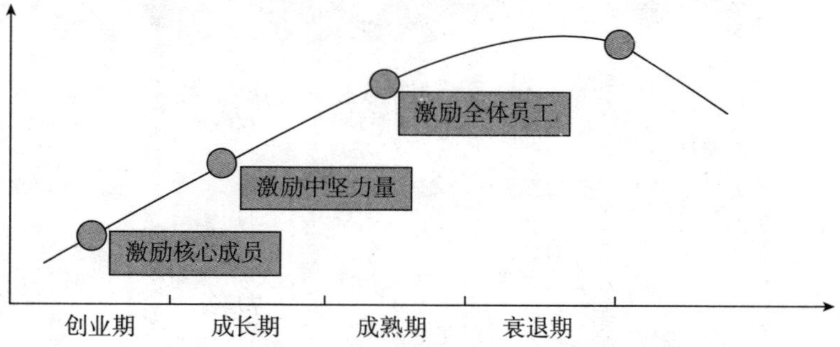

图 10－6　从公司发展的四个阶段看股权激励

◎公司创业期

公司在这个阶段最需要技术人才，但规模还比较小，资金压力较大，难以给出高薪，实施股权激励是吸引人才最有效的方法。

这个时期的重点是凝聚核心成员，激励对象不宜太过广泛，可以采取“实股＋期权”的方式，充分调动核心员工的积极性，通过利润分红吸引他们留下来与公司共担风险。

◎公司成长期

公司扩大生产、快速发展，需要大量开发新产品，扩大市场占有率，可能会出现原有的管理模式滞后，无法满足发展需求的情况，此时就需要及时地激励那些善于经营管理的人充分发挥力量。

这个阶段激励的重点是管理层、核心技术人员和业务骨干等，总之以公司经营的中坚力量为主，激励面可以稍微扩宽，可采用“期权 + 业绩股票”的方式，还可以附加员工持股计划、储蓄股票参与计划等，鼓舞士气。

◎公司成熟期

这个时期公司技术成熟，市场相对稳定，风险降低，公司大量盈利，资金需求量相对稳定，但面临着继续研发新技术、新产品的问题，并且要进一步完善公司的组织结构。

该阶段股权激励的重点是加强管理，使公司能够长期稳定地发展，激励对象要尽可能地广泛，甚至可以实施全员激励，采取“虚拟股或激励基金”的方式，融资形式多元化，业绩股票、虚拟股票、股票期权、增值权和延期支付计划都是不错的选择。

◎公司衰退期

至于公司经历发展高潮之后进入衰退期，此时股权已经失去了吸引力，进行股权激励则没有任何意义，这个阶段的激励应该以现金为主。

小公司在实施股权激励时一定要结合未来的发展战略，至少要考虑以下三个问题。

①公司要不要上市？

②如果公司上市，应该给风险投资人和私募股权投资人留多少股份？

③公司上市之后，创始人自己应该持有多少股份？

对于有上市计划的小公司，进行股权激励有这样几个关键时间点，如图 10 - 7 所示。

从图 10 - 7 中可以看出，公司计划上市，有长远发展计划，更应该进

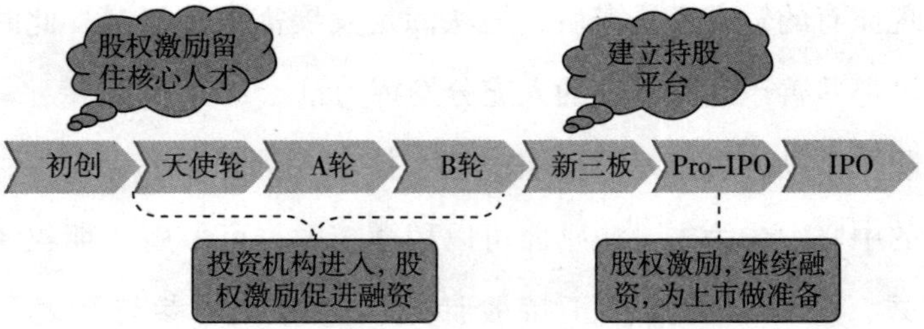

图 10－7　走向上市过程中股权激励的关键时间点

行股权激励，并且要把握好几个关键时间点，以实现留住人才、促进融资等目的。

另外，小公司在实施股权激励时还应该注意，用作激励的股份不要一次性分完，而应该留出一部分作为未来 10 年的股权储备，用于给后续的新进人才做股权激励。

股权激励的本质，是人才竞争战略，小公司利用股权在激励人才和公司发展之间要实现平衡，选择恰当的激励时机、激励对象，制定完善的激励方案，尽量把每份股权都用在“刀刃”上。

10.4

股权激励应该给多少？以什么价格给

【股权设计看点】

前面我们已经解决了股权激励给谁、给什么、如何给、什么时间给的问题，那么现在就要解决给多少、以什么价格给的问题。要解决这两个问题，首先要明确股权激励的额度。

股权激励额度分为总额度和个人额度。个人额度是每位激励对象可以获得的额度，总额度是个人额度和预留股权的总和。如图 10－8 所示。

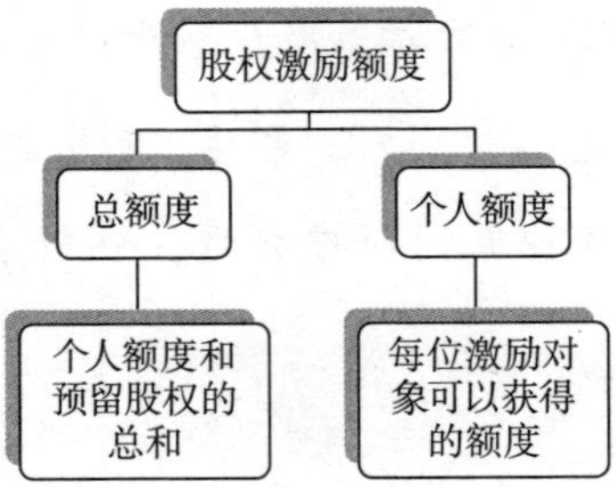

图 10－8　股权激励额度

下面的案例中，A 公司因为股权激励额度设置不当，导致合伙人之间纠纷不断，股权激励不但没有发挥有益的作用，还给公司带来了麻烦。

【股权设计案例】

合伙案例：股权激励额度设置不当，合伙人之间纠纷不断

A公司是一家化工材料公司，由一对夫妻共同经营。丈夫担任董事长兼总经理，妻子负责财务和采购。经过几年的经营，公司发展得很不错，夫妻俩就产生了扩大规模的想法，并听从了咨询机构的建议，准备在公司实行股权激励制度。

公司原有8位元老级的员工，都是公司建立和发展的大功臣。因为公司需要扩大规模，必须引进新人才，所以夫妻俩又聘请了6位技术骨干和销售精英。人员到位后，公司也制定出了股权激励的方案。

股权激励总额度为38%，股权激励的个人额度设置为：新引进的6位人才每人授予3%股权，8位元老每人授予2.5%股权。这样的分配方式引发了元老们的不满，他们认为自己为公司服务多年，而新人才还没有为公司做出任何贡献，拿的股权反而比自己多，这既不合理也不公平。

8位元老虽然得到了公司授予的股权激励，但是工作积极性却大大下降，还和进新人才斗得不可开交，严重影响了公司的工作氛围和工作效率，公司的整体业绩也出现了下滑。最后，新引进的人才纷纷辞职，而有的元老级员工也因为各种原因而被辞退，公司陷入了一系列的劳动纠纷中。

【股权设计实操】

从上面的例子可以看出，制定合理的股权激励额度对公司的发展至关重要。那么具体应该怎么操作呢？下面从如何确定激励总额度和个人额度来为大家分别解析。

◎如何确定股权激励总额度

股权激励总额度的确定要参考以下 7 个要素。

（1）法律的规定

对非上市公司的股权激励总额度，法律没有强制性规定，小公司可以根据需要自行设定。但是法律对上市公司和国有企业的股权激励总额度做出了明确规定。如果公司将来有上市的计划，就需要了解相关的法律法规，如表 10－2 所示。

表 10－2　不同类型公司的股权激励总额度限制一览

公司类型	股权激励总额度限制	相关法律、法规
民营非上市公司	无限制	无规定
上市公司	不超过公司总股本的 10%	《上市公司股权激励管理办法》
国有科技型公司（大型公司）	不超过公司总股本的 5%	《国有科技型企业股权和分红激励暂行办法》
国有科技型公司（中型公司）	不超过公司总股本的 10%	
国有科技型公司（小、微型公司）	不超过公司总股本的 30%	
国有控股混合所有制公司	不超过公司总股本的 30%	《关于国有控股混合所有制企业开展员工持股试点的意见》

（2）公司的薪酬水平

股权激励是员工收益的一部分，应该考虑到公司的整体薪酬水平。如果公司的薪酬水平比同行业其他公司高，股权激励总额度可以少一点；如果公司的薪酬水平比同行业其他公司低，那么股权激励总额度可以多一点。一般来说，要让股权激励所得与公司薪酬相加后的收入，达到或者超过同行业平均水平。

（3）公司设定的业绩目标

设定股权激励总额度的时候，还应该考虑公司设定的业绩目标的难易程度。如果股权激励行权条件设置的业绩目标较高，达成目标的难度较大，股权激励总额度就应该加大。如果行权条件设置的业绩目标较低，则股权激励总额度也不应该太高。

（4）合伙人股东的分享意愿

实行股权激励制度会在一定程度上稀释合伙人的股权，所以，股权激励总额度的大小与合伙人股东的分享意愿有很大的关系。如果合伙人股东具有分享精神，而且目光长远，分享股权的意愿更大，那么股权激励总额度也会大一些。相反，如果合伙人的分享意愿小，股权激励总额度也会小一些。要想做好股权激励，小公司创始人和合伙人股东就要具备一定的眼光和胸怀。

（5）公司规模和发展阶段

如果公司的发展阶段高、规模大，那么股权激励总额度可以小一些，因为公司的体量大，所以股权激励的比例小，但金额大，也能产生有效的激励作用。相反，如果公司发展阶段低、规模小，那么股权激励总额度应该大一些，否则金额太小，难以达到激励效果。

（6）受激励对象的数量

股权激励总额度与受激励对象的数量成正比，受激励的人数多，股权激励总额度就要大一些；如果受激励的人数少，股权激励总额度就可以少一些。如果人数多，股权激励总额度太少，就起不到激励的作用。

（7）公司对人力资本的依赖度

有的公司对人力资本的依赖性强，资金门槛较低，如互联网公司、高科技公司、教育培训机构等，这样的公司可以适当加大股权激励总额度，达到留住人才的目的。而人力资本依赖性低、资金门槛较高的公司，如传统制造业公司，股权激励总金额可以少一些。

除了以上这些要素，小公司创始人在确定股权激励总额度时，还应该考虑好股权预留的份额，为后续股权激励做好准备。如果公司未来有资本运作（上市、融资、投资、并购等）的需求，那么在明确股权激励总额度时，还要做好其他的预测和推算。

◎如何确定股权激励个人额度

明确了股权激励总额度以后，还要确定股权激励个人额度。在确定股权激励个人额度时，也有以下 4 个参考要素。

（1）法律的规定

对于股权激励的个人额度，法律同样做出了限制和规定。非上市公司没有限制，而国有公司和上市公司在设置股权激励个人额度时，一定要严格遵守相关法律、法规，如表 10 – 3 所示。

表 10 – 3　不同类型公司的股权激励个人额度限制一览

公司类型	股权激励个人额度限制	相关法律、法规
民营非上市公司	无限制	无规定
上市公司	不超过公司总股本的 1%	《上市公司股权激励管理办法》
国有科技型公司	不超过公司总股本的 3%	《国有科技型企业股权和分红激励暂行办法》
国有控股混合所有制公司	不超过公司总股本的 1%	《关于国有控股混合所有制企业开展员工持股试点的意见》

（2）激励对象的实际薪酬水平

激励对象所得的股权激励个人额度要与他的实际薪酬水平相匹配。不应该出现水平高、薪酬高的激励对象反而获得较少股权激励的现象。但是，有些水平低、薪酬低的激励对象通过自身努力，提高了业务水平，并通过绩效考核，反超薪酬高的激励对象，这种“后来居上”是完全可以的，这正是股权激励最希望达到的效果。

（3）激励对象的工作年限和重要性

激励对象在公司工作的年限越长，说明他对公司的忠诚度越高、对公司贡献越大。所以确定股权激励个人额度时应该把工作年限作为一个量化的标准。

激励对象的重要性也是计算股权激励个人额度的重要参数，激励对象对公司越重要，股权激励额度就应该越大，反之亦然。

（4）激励对象的心理预期

对于股权激励的额度，每个激励对象都有不同的心理预期。有的人期望很高，给他的激励度太少就起不到激励的作用；而有的人追求安稳，心理预期不高，一次性给他过多的股权激励额度，反而会让他失去拼搏的动力。

以上这些参考要素，都是小公司创始人在确定股权激励额度时必须要考虑到的。只有确定了合理的股权激励额度，股权激励才会发挥出应有的效果。

◎如何确定股权激励价格

除股权激励额度以外，股权激励价格也十分重要，股权激励的价格直接关系到股东的利益和激励对象的积极性。如果价格太高，会使激励对象的积极性降低；如果价格太低，会令股东利益受损。所以，在确定股权激励价格时要综合考虑，平衡各方利益，定出一个合理的价格。制定合理的股权激励价格，需要以下两步。

（1）确定股权激励的价格

对于小公司来说，确定股权激励价格的方法有以下四种。

①以市场评估为基础确定。

对于高科技公司，可以采用市场评估的方法，以同行业同类型公司的股权激励价格作为参考，再根据公司自身的情况来制定股权激励价格。

②以资本市场的当期估值为基础确定。

如果公司引进过风险投资，可以公司最近一次风险投资进入时每股的价格为基准，再给予适度折扣，来确定股权激励的价格。

③以注册资金为基准确定。

当公司注册资金略少于净资产时，小公司创始人可以选择以注册资金为基准，再给予适当的折扣，以此来确定股权激励的价格。如果公司的注册资金与净资产相等或相差不大，则可以直接定价为 1 元/股。

④以净资产为基准确定。

如果公司的注册资金与净资产相差较大，则小公司创始人应聘请专业的第三方会计机构，评估每股的净资产值，再根据每股净资产值来确定股权激励价格。这样有利于保护股东利益，可以提高股东对实行股权激励制度的积极性。

如果公司的发展时间长，情况比较复杂，则可以综合以上各个方法，再结合实际情况来确定股权激励的价格。

（2）确定激励对象应得的股权数量

确定股权激励价格之后，首先要确定激励对象的股权数量，才能计算出每位激励对象需要支付给公司多少钱。确定激励对象的股权激励数量时，可以采用以下三种方法。

①根据工作岗位来确定。

可以将激励对象分为高层管理人员、中层管理人员、核心骨干人员和基层员工。再根据每个岗位层级的重要性来确定股权激励数量。具体计算公式如下：

个人的股权激励数量 = 岗位分配的股权激励额度 × 个人分配系数 ÷ 岗位总分配系数

个人分配系数 = 个人工资系数 ×40% + 个人不可代替性系数 ×60%

个人分配系数的计算除了使用工资系数、不可代替性系数以外，还可以使用业绩目标完成量、工作年限等参数。其中的权重比例可以根据公司的实际情况来进行灵活调整。

②根据薪酬体系确定。

小公司创始人可以通过调研同行业的薪酬水平和薪酬体系，再结合公司内部岗位的重要性、价值差异，来确定股权激励数量。

③根据股权兑现后的金额设定。

小公司创始人可以使用倒推法，根据股权激励兑现后激励对象可以得到的总金额，再用股权估价模型，推算出该激励对象能获得的股权激励数量。

这三种方法是比较简单的确定股权激励数量的方法，还有其他较为复杂的计算方法，需要根据实际情况灵活选择。

总之，小公司创始人要根据公司的具体情况和发展需要来灵活选择适当的方法，制定出合理的股权激励额度和股权激励价格，让股权激励发挥出应有的积极作用。

10.5

小公司的股权激励如何实施？怎么运行

【股权合伙看点】

股权激励计划好不好，能否起到应有的效果，除了取决于方案的精心设计，更重要的还在于方案的顺利实施和股权激励计划的有效运行。如果实施不当，不能按照计划一步步演绎，股权激励方案即便设计得再完美，也无法起到应有的激励与约束作用，只会白白浪费股权，甚至还会给公司的发展带来巨大的风险。

近年来，很多公司跟风赶时髦，高喊“股权激励”的口号，虽然计划是制订了，但最后还是夭折了。

据统计，2016 年沪、深两市一共发布了 249 期股权激励计划，其中 122 期为上市公司的首期股权激励，如图 10 - 9 所示。而截至 2017 年 11 月 30 日，这些股权激励计划中，有 10 期已经终止，占比为 4%，如图 10 - 10所示。

这些上市公司股权激励终止大致有以下五个原因。

①“锁价”时点不合理，导致股价“倒挂”。

②融资不充分，未按时交钱、验资、登记。

③业绩考核指标太过严格，员工无法达标。

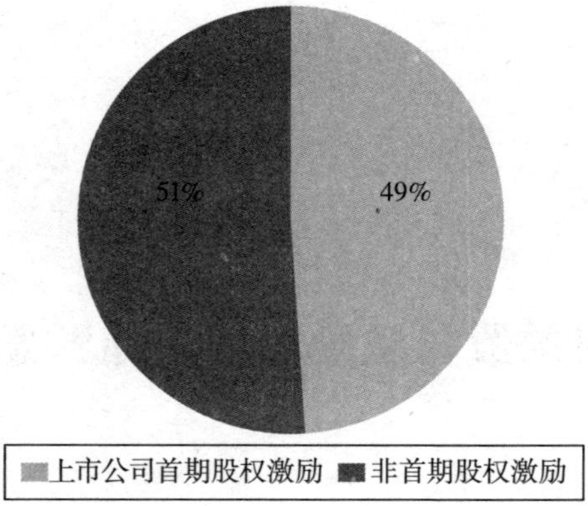

图 10－9　2016 年发布的 249 个股权激励计划

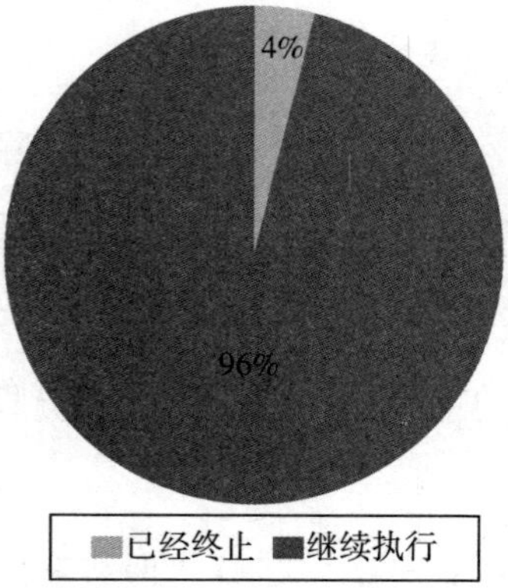

图 10－10　股权激励计划的“夭折”情况

④股权激励没有结合“重大事项”“窗口期”，或授予日的股价太高、会计成本太高。

⑤控股股东持股比例过低，股东大会被否决。

股权激励方案做得再好，没有落地，就是一纸空文；股权激励计划做得再详细，不能实施，就是空头支票。没有一家公司会希望自己的股权激励计划泡汤，那么，股权激励计划制订后究竟应该怎样运行呢？或许下面的案例会给我们一些启示。

【股权合伙案例】

合伙案例：股权激励解决员工辞职问题

李辉经营着一家小型纺织厂。纺织厂自成立以来，一直深受员工流失问题的困扰，纺织厂的许多工人往往干不满 2 年，甚至还没熟悉工作流程，便辞职走人了。为了解决这个问题，李辉曾多次提高员工工资，5 年间，纺织厂工人的工资已经从 2000 元涨到了 3000 元，然而员工却仍然像割韭菜一样，走了一茬又一茬。为此，李辉非常头疼。

后来，李辉的纺织厂新招了一名人事经理。为了留住员工，在上岗的第二个月，这位新上任的人事经理便向李辉献策：与员工签订 3 年的劳动合同，如果员工能按期完成 3 年的生产任务，公司就拿出销售额 10% 的股份分给大家作为奖励。

由于纺织厂的效益一直都不错，大家也有目共睹，所以，当这种“业绩股”的激励政策推出后，员工的反响非常好，大家的工作积极性变得很高，常常主动加班加点，甚至有员工在第一年就超额完成了 3 年生产任务的 50%。很快，3 年过去了，大部分的员工都按要求完成了生产任务，李辉也没有食言，把 3 年来纺织厂销售总额的 10% 作为奖励金分给了大家。自从这种股权激励的方式在纺织厂开展以来，员工流失率过高的问题就彻底解决了，而且，纺织厂的效益也上了一个新台阶。

【股权合伙实操】

从上面的案例中可以看出，员工是否能在公司安心工作，是否能全心全意地为公司付出，取决于公司能否留得住人。如果小公司创始人能用股权激励留住人，让员工得到实惠，让员工有盼头，那么员工就会心甘情愿地留下来为公司做贡献。当然，要想让股权激励发挥最佳效果，选择合适的运行方式也非常重要。

一般来说，股权激励的运行方式主要有以下几种。

◎按员工的岗位运行

按岗位来运行股权激励能激发员工的内在动力，最大限度地发挥员工的主观能动性，让每个岗位上的员工都变成公司的“细胞”，自主地适应公司的发展需要，和公司一起成长，将公司的人力资源转换成人力资本。

针对不同岗位的员工，股权激励的运行方法也不同。

（1）内部作业岗的股份配发

在公司内部岗位工作的员工可以按照内部作业岗位配发“专业技能股份”。对于这部分员工，公司除了按月发放工资以外，还要给予年终分红。例如，公司每获得1万元利润，可以配发一股（股金为40~60元）股份。

需要注意的是，在配发时，只配发效益股，不配发业绩股，如果公司当年没有盈余，那么效益股为零。

（2）外部岗位的股份配发

担任公司外部岗位的员工可以按“业绩股”和“效益股”来配发股份。员工创造的业绩越高，获得的业绩股就越多；获得的效益越多，获得的效益股也越多。

（3）主管、组训岗位的股份配发

团队的主管、组训是公司的中坚力量。对这类员工，公司可以采用两种方法来给他们配发股份。

①股东津贴+定额配股。固定津贴可以按每月X元，定额配股可以按团队设定的业绩确定，团队规模不同，所设定的业绩股也不同；

②低津贴+业绩股。津贴可以按岗位等级发放，业绩股可以按团队当年总业绩的50%向主管和组训发放股金。需要注意的是，这里只配业绩股，不配效益股。

（4）经理岗位的股份配发

经理是公司的决策者和领头人，负责公司的管理和运行，工作任务重、责任大，付出的时间和精力也相对较多。对这类高层管理人员，公司可以实行“双轨并行”，除了每月发放固定的管理津贴，还配发“管理股份”。管理股份的数额可以按公司当年的总业绩和总效益配发。

一般来说，业绩股的配发不超过公司当年总业绩的 50%，效益股的配发不超过公司当年总业绩的 30%。

例如，一家中等规模的公司，年业绩为 1000 万元，年效益为 200 万元，那么经理可得到 500 万元业绩的配股，按业绩股每股 30 元计算，可配发 1.5 万元股金。同时可得 100 万元效益的配股，按效益股每股 60 元计算，可配发 6000 元股金。一个主管或经理在团队工作 10 年后，获得的股金可累积到 10 万～20 万元。

◎按员工年业绩量运行

前面案例中李辉的纺织厂采用的就是这种股权激励运行方法。具体来说，股权激励按员工的年业绩量运行，就是按员工的业绩贡献值来配发业绩股。业绩股是按每位员工创造的业绩来配发股份，需要员工用业绩获得。所以，小公司要按员工的岗位层次、工作年限和个人能力来为员工设定业绩目标。

除此之外，公司还可以要求员工个人为自己设定一个业绩目标，并根据“核定目标业绩”和“个人申报目标业绩”进行业绩目标管理，让员工时刻把业绩目标记在心里。

这样的运行方法体现了公司的总体营销策略，以及人性化经营的理念，也让员工充分实现了自己的个人价值。让每个员工都以“业绩”为轴心，紧密地围绕在公司周围。

◎按年终的效益量运行

按年终的效益量运行股权激励，就是用效益股来衡量一个员工对公司效益的贡献值。效益股的作用是让员工放弃低效益的工作，为自己、为公司创造更多的价值。效益股可以按员工创造的实际效益来配发。

核算效益股时，公司可以设定一个赔付率，例如，赔付率为50%，如果超过50%就不能享受效益股的配发。没有超过50%的，可以在配发效益股时给予适当的上浮奖励。赔付率 = 赔款支出/保费收入，它是一定会计期间内赔款支出与保费收入的百分比。

效益股的配发原则是：按个人总业绩量减去个人总赔款量和个人其他必要成本后获得的净利润，来配发效益股。

但是，在实际操作中，按上述公式计算出的赔付率容易出现较大的偏差，不能如实反映该期间的损失程度。因此，效益股并不是按年终效益量实施股权激励的最佳方式。

对大多数小公司来说，按年终效益量实施股权激励的方式，即年薪虚股制更为实用。年终虚股制是将公司的核心骨干人员年薪的一部分以现金的形式发放给他们，另一部分则转化为虚拟股份。公司可以对这种虚拟股份做出规定，只有达到一定持有期限后才能兑换成现金。虚拟股份制与一般的虚股制相比有两个不同点。

（1）引入了期货交易中的保证金制度

虚拟股份制可以通过杠杆作用，把激励强度成倍放大。在这种情况下，公司核心人员获得的当期奖励滞后兑现，而最终的兑现数量与公司今后几年的业绩息息相关，如果公司业绩好，奖励会成倍放大；如果公司业绩差，奖励也有可能会大幅度缩水，甚至赔光。在这种股权激励运行方式下，正负激励同在，使公司高管和核心骨干人员的压力进一步增大。

（2）选用了关键的财务指标代替股票作为激励的基础

小公司的股票往往存在这样一个问题：公司股票不能在市场上流通，股票的折股价和变现价不好确定。而且公司净资产的质量会随着时间产生差异和变化，常用的净资产定价法有时也不一定合适。而选用关键财务指标“年薪”作为激励的基础，就能很好地解决这个问题。

大量实践证明，对众多小公司来说，年薪虚股制是按照年终效益量进行股权激励的最有效方式。

◎按员工与公司签订的服务合同运行

服务合同是员工在公司的工作时间表，公司应该科学地设定这个时间表。公司与员工签订合同时，可以把工作年限分为几个档次，如 3 年、5 年、10 年等，3 年为短期合同，5 年和 10 年为长期合同，公司可以利用“续约股”来把短期合同过渡到长期合同，留住能为公司创造价值的员工。

“续约股”可以按照业绩股和效益股的 10% ~20% 来配发，逐步培养员工对公司的忠诚度。按员工与公司签订的服务合同运行股权激励制度，能让工作年限长的员工得到更多实惠，从而鼓励更多员工与公司签订长期乃至终身合同。

需要注意的是，无论小公司创始人选择哪种股权激励的运行方式，都要保证这种方式适合自己。在选择运行方式时，小公司创始人还要结合自己公司的股权激励方案，让股权激励发挥出最佳作用。